シンプルライフで幸せへの切符を手に入れる

Garden.Miho 著

セルバ出版

まえがき

毎日を明るく過ごしていきたい。誰もが心の中で望んでいることです。

私も、いつもそのようにありたいと思っています。

どうしたら、穏やかでいられるのか。心の底から、〝幸せ〟を感じながら過ごせるのか。

そして、最近気づき始めてきたのです。

考え込むことではなかったのです。

シンプルなことだったのです。

それは、「自分が本当にやりたいことを、自由に選んで、のびのびとやってＯＫ」なのです。

そう、もういいんです。簡単で！　楽しくて！


自分の気持ちがパーッと明るく広がる方向であれば、自然の流れに身を任せて流れて行っていいのです。

穏やかな広い空で、優雅に形を変化させていく雲のように。変化することを、全くためらわず、それどころか自由に形を変えて、そして流されていることをとっても楽しんでいるかのように。

その悠々たる雲の様子には、無理がありません。

ですから、眺めている私たちも、心地よい気持ちになり、私などはつい雲になってしまっていて、自分の心が軽やかさを増し、楽しくなっていることに感動してしまいます。

自然は偉大です。

これからは、変化することに抵抗しないで進んでいきましょう。変化し、新しい感覚のエッセンスで体を満たしてあげましょう。

そうやって、自分の心と体を癒してあげていると、本来の本当の自分の姿が、やさしい光と共に見えてきます。

そういうものには、疑いや抵抗感という重いものが全く感じられませんので、感覚的にすぐわかります。

まずは、自分が心地良くなる気持ちを感じることからスタートです。

「～しなければ」とか「～の役割だから」というのは、一旦というよりも永遠にいりません。

いらないものは、自分からどんどん外していきましょう。

そうしているうちに、本当に羽が生えたかのように軽くなります。楽しみですね。

平成25年8月

Garden.Miho

シンプルライフで幸せへの切符を手に入れる　目次

幸せへの切符——人生と共に学んだ信念

1 出会う人にハートを贈る

心でも挨拶する

初めてお会いする人、以前からの知り合い、業務手続をお願いする人など、生活していると自分の周りにはたくさんの人たちがいて、日々交流しています。

そのときに、私たちはまず言葉で挨拶をします。私はこのとき、心でも挨拶するように、いつも心掛けています。やり方は簡単です。

「私と出会っていただいて、ありがとうございます」という気持ちを込めて、私のハートから相手のハートへ贈るのです。

形は正に〝ハート型〟にして、色は淡い〝ピンク色〟です。

目には見えませんが、ハートがスーッと相手に入っていく様子を想像すると、楽しいのです。すると、自分の心も落ち着き、安心してきます。

そして、相手をすんなりと受け入れることができるのです。

トラブル知らずになる

私は、この習慣を行うようになってから、全くトラブル知らずになりました。出会う人とは、思っていた以上によい環境で、過ごしていけるのです。

しかも、相手の良いところがどんどん見えてきて、益々相手が好きになり、私との関係に好循環をもたらしてくれるようになるのです。

このおかげでとても心地よい関係が築けていき、心から楽しくなります。

自分の温かいハートをまずシンプルに贈ってみる

相手にハートを贈っていると、直に相手からも温かさがきちんと返ってきます。さらに自分と同調し始めたことを、実感できるときが来ます。

気持ちは、目には見えませんが、実は人間関係における核のような存在なのです。この中心が真心で満たされていれば、必ずすべてが上手くいくようになるのです。

どんな相手に対しても、自分の温かいハートをまずシンプルに贈ってみてください。減るものでもないし、むしろ贈れば贈るほど、さらに自分から湧き出してきます。

このおまじないのような習慣を取り入れて、現実が良くなっていくことを楽しみ、幸せを感じられたら素晴らしいですよね。

2 大きな愛に包まれて

必ず次のステップへの扉がある

色々な経験を通して、この私たちの日常を見ていくと、元々良いこと悪いことというものは存在していなくて、その事柄を判断する私たちがどう思うかによって決めているだけなのかな、と思うようになりました。

何かが起こったとしても、そこから必ず次のステップへの扉がありますし、そこには新しい世界が広がり、あなたのことを両手を広げて迎えてくれるはずです。

ですから、私たちはシンプルに、素直な気持ちで思ったことをしていれば、自然と大きな愛に包まれ、良い方向へと流れていくのです。

ピンチを更なる次へのステップとして捉えることが大切

よく「ピンチはチャンス」といいますが、確かに大きく流れが変わろうとしているとき、私たちはその事柄に驚き、〝ピンチ〟という表現をします。

そして、そのピンチをどう乗り越えようかと、考え始めます。

結果、大変だったけれども、自然と時が上手く解決してくれた、さらに前向きにその事柄を捉えたおかげで、以前より素晴らしい状況が生まれた、ということです。

私は、最近このピンチを更なる次へのステップとして捉えることが大切だと気づき始めました。ピンチの状況がやってきたときはアタフタせずに、もう最初から「さあ！　変化のチャンスがやってきた！」と大きく構えて切り開いていくのです。

私たちは一人ではありません。みんな、繋がっています。ピンチが来たとしても、必ず乗り越えていけるようになっています。

さあ、ピンチが来たら喜んでください。現状を変え、よりよくしていくための絶好のタイミングが来ているのです。

必要なものを、必要な分だけ消費し、必ず感謝をする

自分の本当の気持ちで判断し、自然に開かれていく方向へとためらわず、堂々と進んでいくだけです。

大きな愛が、すべてを包み込んで、きっと良い方向へ向かっていけるようにしてくれます。

自然には、欠けたものなど一つもありません。すべて完璧に調和がとれています。

人間社会も同じです。

皆が自然体で心から笑顔の溢れる生活をし、すべてに感謝をしていたら、うまくすべてが循環していくのです。

その力はすでに十分人間に備わっていて、気持ちさえ決意すればいつでも実現していけるのです。必要なものを、必要な分だけ消費し、必ず感謝をする。そして、その資源と共に足並みをそろえていけば、いいだけのことです。

エゴや行き過ぎた必要のない欲求は、良い循環を壊してしまいます。

変えていかなければならないとき

私たちにとって、あの東北の大震災が大きな節目となり、そこから色々な気づきをもらいました。もう、変えていかなければならないときです。みんな気づいています。あとは決意をするだけです。ただ、心で感じたことを素直に行動していくのです。

私はまず、衣食住を整えることからスタートしています。自分の食べ物を見直し、住まいはシンプルに、行き過ぎた買い物はしないなど、生活を整えていくことで、気持ちよく過ごせる環境をつくっています。

ハートとハートの交流

さらに、自分の大好きな人たちとの繋がりを大切にしていくことで、心を充実させ楽しく過ごすようにしています。

これは、義務感からではありません。私たちが地球そして人間を大好きだからです。

これだけたくさんの貴重な一人ひとりが、同じ美しい地球に誕生し存在しているのです。

その中で私たちは笑顔で冒険、達成、感動のような素晴らしさを味わい、大いに楽しんでよいと思うのです。みんな同じ人間であり、もとは優しく温かい心を持っているのですから。

私たちは常に守られています。私たちも、守っていきましょう。

ハートとハートの交流です。プラスとプラスが惹かれあえば、さらにプラスが溢れ出す、そんな世界を創っていきたいのです。

可能性は、ここから広がっています。

私たちが、最高のバランスの中で暮らしていけるよう、何か気づいたことから変化させていきましょう。

私たちは、大きな愛に包まれているのですから、安心して感謝の気持ちを地球に贈っていきましょう。

できることから、少しずつでも。

3 最初から成功しているとき

何かを始めるとき、最初の時点で自分に聞いてみる

何かを始めるとき、私は必ず最初の時点で自分に聞いてみることにしています。自分の楽しいイメージがスイスイ浮かんでくるか、またはワクワクしているかです。

最初に想像したとき、〝喜び〟や〝安心〟を感じたのであれば、もうすでにその事柄は成功しています。シンプルな判断ですが、的を得ています。

そして、笑顔で満足している自分が見えたら、ＧＯサインです。

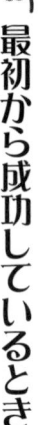

どんどん取り掛かり準備の段階から大いに楽しんで、成功へと進んでいってください。

完成したときの自分の笑顔がぼやけているときはお休みする

逆に、なかなかアイデアが浮かばない、作業がスムーズにいかない、完成したときの自分の笑顔がぼやけているという感覚のものは、成功に程遠いものです。

そんなとき、私はもうその対象に関することはスパッとやめます。そして、やる気が再び訪れるまでは、一切やりません。

心と体は、常に繋がっているので、体が進まないという状態は心が喜んでいないことなのです。

とりかかる前の感じる気持ちは、とても大切

とりかかる前の感じる気持ちは、とても大切なのです。

さあ、最初にGOサインを出したものであれば、素直に良いイメージを描いて、既存のものや周りの常識、枠組は気にせずアイデアを膨らませて楽しく進めていきます。

私たちの可能性は無限に広がっていること、そしていつでも守られていることを信じていれば、必ず道が開けて「こっちだよ」という流れを感じ、私たちを導いてくれるでしょう。

手づくりのパジャマづくり

私が高校三年生のころ家庭科の授業で、手づくりのパジャマを作成しました。私は家ではスウェットで過ごし、そのままパジャマとして寝ていたので、可愛らしい女の子っぽい正にパジャマは持っていませんでした。

ですから、自分のパジャマをつくることにとてもワクワクし、デザインをする段階から楽しくてすでにイメージがどんどん湧いていました。

もうこの段階で、最高にかわいく完成したパジャマを着ている自分が目に浮かぶのです。

布地選び、裁断、仮縫い、本縫いと進める中、「袖や裾にフリルをつけたいな」とか「ギャザーを入れて肩を膨らませたいな」など、細かいアイデアが浮かび、自分好みのアレンジをどんどん加えていきました。

私にとっては、最高のパジャマの完成です。

早速、学校に持っていくと、みんなそれぞれにイメージしたパジャマを完成させていました。同じ型紙から、こんなに十人十色のパジャマができるなんて、素敵だなと素直に思いました。

手づくりは、世界に一つだけの貴重な作品になります。愛情もひとしおです。

そしてパジャマを提出したら、すぐに返却してもらい家で早く着たいと心待ちにしていたのです。


笑顔が見えたことは大小にかかわらず進めて大丈夫

しかし、私の作品だけなかなか返却されず「どうしたのかな」と思っていたら、何と家庭科室の洋裁用マネキンに堂々と飾られていたのです。

それを目にしたとき、とても嬉しくなって「後輩たちが私の作成したパジャマを参考にしてくれたら、自分で着るよりも、もっと幸せ」と思ったのです。

楽しく過程を進めていったことで、作品も生き生き輝き出したのでしょう。先生にもしっかり伝わったのですね。

そしてパジャマは家庭科室へ寄贈することにしました。一人で誇らしげに満足していた自分が、今思うとかわいらしいです。

何かを始めるとき、次々とアイデアが浮かんだり喜びを感じることは、実は達成できる力が既に自分にあるということなのです。それをやるかやらないかの選択で、進む道が大きく変わっていくのです。

自分につまらない制限をつくるのは、自分に対し失礼ですし非常にもったいないことです。そして幸せへの可能性を潰してしまいます。

自分の楽しい気持ちを大切にし、そして優先させていきましょう。遠慮しなくても大丈夫です。

それが結果的には自分の周りも幸せにしていくことに繋がります。

最初から笑顔の自分が見えたことは、もうすでに成功しています。ですから、笑顔の自分が見えたことは大小にかかわらず進めて大丈夫です。

または、先に笑顔で満足している自分を創って成功へ導くこともできます。嬉しそうな自分を思い浮かべるだけです。

そして、そこに向かって作業を楽しんでいけばいいのです。

幸せを創造していくことは、実はとてもシンプルなのです。

4 自由になったから自立できる

自由と自立

自由を選択し、それを手に入れた力があるのであれば、それは同時に自立も手に入れる力が備わったということだと私は思っています。

自立とは、簡単に言えば、独り立ちすることです。誰からの支配を受けることなく、やっていけるということでもあります。

自由を選択していないときは、自立も選択していませんし、逆に好んで誰かの支配下のもとに、安心感を得ていたいときでもあります。

または、相手を支えてあげたいという気持ちのときもありますから、自由と自立を選択しないことが悪いということでもないのです。

自立できる力が備わったから自由になれる

みんなそれぞれ、自分の人生を思うように創造していっていいのです。

その中で、あなたが本当の自由を選択し求めたのであれば、そこから自立も同時に進みだしたと信じて、大いに喜んでください。

自由になったから自立しなければならないのではなく、〝自立〟できる力が備わったから〝自由〟になれたのです。

精神的な自立、経済的な自立どちらも自由になれたからこそ、自然に創り出されていきます。

さらに自由な発想で自分の世界を無限に思う存分広げていくことができるのです。

私は、自分の今を大切にして、本当に幸せを感じる選択を素直にし、枠にとらわれない新しいことをやりたい、と思うようになりました。今、毎日がとても軽くて、ウキウキしています。

人生、楽しみを感じ喜びを生み出すために、こうして生まれてきたのですから、私はそれを存分に味わいたいのです。

こうして自由な発想のもと何か事を起こすとき、それが自分を応援している言葉で心地よく入ってきたなら、大いに受け入れていって自分の決意をさらに確信して歩んでいけます。

その反対に、もしかしたら嫌な気分になるマイナスの言葉も耳にするかもしれません。そんなときは、シンプルに気にしないことです。

相手は相手の考えで１００パーセント確立しています。ただ自分と同調しないだけのことなので、それを一つひとつ気にする必要はありません。

さらりとかわして、焦点を自分の楽しく心地良い気持ちに戻しましょう。

好きな選択をしている人は、とてものびのびし〝自立した精神〟をしっかり持っている

私がキャビンアテンダント（CA＝客室乗務員）の仕事を辞めて司会者の勉強を始めたころ、同時にCA養成学校の講師も務めることになりました。講師はみんなCA（客室乗務員）経験者です。

私のように、まだ未婚の講師もいましたが、大半が子育てを終えたベテラン主婦の方たちです。

みなさんの家庭は安定し充実されている様子でしたが、次第に主婦だけの生活に物足りなさを感じだし、講師になるという〝自由〟を選択したとのこと。そして私が感じたことは、好きな選択をしている人は、とてものびのびし、〝自立した精神〟をしっかり持っているということです。

枠や常識、世間体は気にせずに、自分を信じて進もう

主婦という柔らかさを持ちつつも、常に自分の軸を自分にきちんと合わせている。学びたい勉強や知識はどんどん吸収し新しいエッセンスとして取り込んでいく。

そして自分らしく表現し、社会に貢献していく。さらに女性であることを常に意識し、芯のある美しさを保ちながら自分に誇りを持っている。

そんな魅力あふれる方たちばかりでした。

20代後半だった私にも、色々なアドバイスをしてくれて、今再び役に立つことがたくさんあり、とても感謝しています。本当に、あのとき講師のお仕事をいただけてよかったな、と改めて今心から思っています。

自立は、がむしゃらに独立することではありません。自然体でいることで、自由な発想が生まれ自立もしっかり備わりだすのです。力んだり無理したりする必要は全くありません。シンプルでいいのです。

自由に自分を表現していくことはとても楽しいし、そのための私たちの人生です。それぞれの素晴らしい心持ちや価値観を表現し、形にして創り上げていくことが、喜びの醍醐味です。そして自分の中心である軸を、しっかりと本来の自分に合わせていれば、自然の流れで確実に自立した日常を築いていけると思うのです。

自分の気持ちが、パーッと広がるほうへ進んでいくだけです。それが一番自分に合う道です。道のりが遠い近いは関係ありません。やるかやらないかのことだけです。

自分の可能性は無限です。枠や常識、世間体は気にせずに、自分を信じて進みましょう。

そして、そのような自分と同調してくれる人たちがいれば大いに喜んで、その人たちと協力し、楽しい世界を広げていくだけです。いつも笑顔の自分を思い描きながら。

自由と自立は、これから私が大いに楽しむステージ行きへの大切な切符となるでしょう。

5 今を大切に、一つひとつの行動を丁寧に

時間との上手な付き合いを考えたとき

私たちは、時間と共に暮らしています。そして時間を意識することに、何の疑いもありません。時間との上手な付き合いを考えたとき、どんな方法が一番心地よく過ごせるか、私なりに色々模索してきました。

あるときはスケジュールをきっちり立ててみたり、あるときはなすがままにダラーっと過ごしてみたり、あるときは家族のスケジュールに100パーセント合わせて動いてみたり。

でも、これらすべてをやってみても、心から楽しさを感じないのです。

やることはできても、そこに満足感、充実感が生まれてこないのです。

これでは、何のための生活なのかわからなくなります。

喜びを創り出してこそ、幸せに暮らせるのですから。私は、この時間と上手に付き合うことを大切にしたいのです。

時間に追われたり、逆にもてあましたりしない、軽やかに流れる時間が、理想です。

今を大切にする

私がやっと時間との関係を満足できるものにした方法が「今を大切にする」ということです。とてもシンプルでした。

まず、今やっていること、今やりたいこと、例えば、食事をしたい、本を読みたい、散歩をしたいなどがあるとしたら、それをできる時間内の中で、大いに充実させてやるだけです。

「そのときにやろう！」と決めたことですから、タイミングはOKなのです。

充実して行えば楽しくなることが、その今やっていることなのです。

食事を摂りたかった場合、「楽しい食事」に意識を集中して、メニュー選びから、相手がいるのであれば相手との楽しい会話、デザートタイムまで徹底して、充実させ満喫してしまうのです。その前後のことは意識せずに。

すると、その時間が解放されたかのように輝きだすのです。そして、食事の時間が充実すれば、その次へとスムーズに入っていけるのです。

ですから、私はまず自分の足元を照らし、まさに今を楽しくするよう率先しています。

すると、自然に次にやりたかったことが浮かんだり、スムーズに次の流れに入っていくことができたりするので楽になりました。

また、周りの状況もそれに合わせてくれているかのようにタイミングが整うので、この方法には確信を持っています。

今を充実させていれば自然と先にも安定した事柄がきちんと用意されている

私も振り返ってみれば、子育てをスタートしたころから10数年間は、いつも時間に追われていたように思います。

もう少し楽に構えていたらよかったのでしょうが、つい一生懸命になってしまう性格なので、次のことを決めていかずにはいられないところがありました。

そのようなやり方だと、今現在を半分しか見れなくなり楽しむ余裕すらありません。

一日のノルマを勝手につくり、それを達成することばかりに意識が向いていて、本来の自分の意志や感覚に蓋をしてしまっている状態です。これでは幸せへの扉どころか何の扉も見えないことでしょう。

ようやく気づいたのが、今を充実させていれば自然と先にも安定した事柄がきちんと用意されている、ということです。

今を両手を広げて思いきり楽しむ。その状況を生み出すことに集中していると、道は自然に開かれていく。あわてたり、急いだりする必要もないのです。

一つひとつの作業に心を込める。それが、幸せへ繋がる最短の方法です。

6 次のステージへ直感力

直感イコールチャンス

私たちは日々、自分の創り上げたステージで生活しています。

そして、そこで楽しむことを理想としています。ですから、色々な工夫やアイデアを重ね、そのステージに彩を加えていきます。

そこでいかに自分を輝かせ、楽しんでいくかによって、さらにワンランクアップのステージへと繋がっていけるのです。

そして、ステップアップしまたステージづくりを楽しく続けていくことになります。この流れの中で結果に大きく左右するため大切にしたいことが一つあります。

それは、直感を信じるか否かです。直感では何か方法を変えたいと思っていても変化させる勇気がない場合、また同じように進むか、それとも変化させて新しい方法を生み出し、勇気と自信を持って進んでいくかとでは、自分の意欲と流れも全く違って進んでいきます。

このときに、さらなる喜びへ歩んでいけるかどうかは私たち次第であり、実は〝直感イコールチャンス〟なのです。

世間体や常識や見栄などは一切気にしない

今までどおりでも十分満足しているなら、そのとおりに。それとも何か新しいエッセンスを取り入れたり、全く新しい方法で進んでいくことにわくわくしているのであれば、変化をしてみる。どうぞ、あなたの心に優しく問いかけてみてください。

このとき、世間体や常識や見栄などは一切気にしないことが大切です。こういったものには、根拠がないからです。

そして、自分の笑顔が輝いているほうへ進んでください。それが答えです。

この大切なカギを握っていれば、あなたにとっての宝物がたくさんある場所へ行くことは簡単です。さあ、自信を持って決意し、堂々と進んでいきましょう。

直感は自分にしかわからない感覚

私がまだCA（客室乗務員）をしていたころ、実家にちょうど帰っていた際、父が同僚の息子さんの結婚披露宴のビデオを借りてきました。その息子さんと私は同じ学年同士だったので、懐かしく一緒に観ることにしました。

「綺麗だねー」と言いながらゆるい感じで観ていたとき、映像からキラキラ輝くものを感じたのです。

私が魅かれて目を離せなくなったのは、披露宴の司会者の方でした。その声の美しさ、落ち着き感、情のある表現力、すべてが何だか私にとって新鮮に感じたのです。

このビデオを見て以来、私はＣＡ（客室乗務員）を続けながらも「司会者になりたいな」と思うようになりました。もう、私が司会者になって会場の端でマイクを前に、満足げに仕事をしている姿が既に想像できていました。

そしてすぐに司会者養成学校で基本を学び、ＣＡ（客室乗務員）は辞めて、結婚式・入学式・卒業式・イベントなどの司会を新鮮な気持ちで楽しみながら色々やり、あっという間に満足感と充実感を得ることができました。

あのとき、お金のことや世間体などに惑わされず、ただ一心で進んだ自分を今でも本当に誇りに思います。

直感は自分にしかわからない感覚です。何故そう感じるのか証明する方法はありませんが、私はこの直感力を確信しています。

そして何より、私の中にたくさんの刺激や経験、感動を与えてくれたこのチャレンジは、今もなお大きな自信に繋がっています。

自分のことを一番わかっているのは自分

子供のころは、自分では意識していなくても直感で感じたことを、のびのびと素直に行動に移し表現していました。あのころはみんなハツラツとしていました。

それが社会に出ていくようになると、直感では自分の思いを感じているのに、色々な周りの雑念に惑わされて別の道を選び、結果喜びを感じない世界を創ってしまったり、または、こんなものかな、で辞めてしまい、無限の可能性を信じないで、色あせていく人が多くなります。

自分のことを一番わかっているのは自分です。スタートラインは一緒でも前に進むか、後ろに進むか横に進むかでその道の景色も空気も全く違ってくるのです。

直感を信じていくなら、勇気をもって決断してください。自分一人で決められない場合もあるでしょうから、そのようなときは誰かに相談してもよいと思います。

ただ相談するときに気を付けたいのは、誰でもいいのではなく「一緒にいると元気になる人」「安心感のある人」「心から尊敬している人」にしてください。大切なポイントです。

そして決断したことに揺るぎなく進んでいけば、きっと道は開かれ、絶妙のタイミングとシチュエーションが用意されていきます。

本当に自分の大好きな未来を創造していきたいのであれば、私は直感力に身を任せて大丈夫だと、いつも思っています。

7 〝固い切符〟に温かさを感じる

厚紙でできている固い切符

私が小学生のころ通っていたスイミングスクールは、二つの電車を乗り継ぎしたところにありました。二つ目の電車に乗るときにまた切符を買うのですが、このときに私が大好きだった切符があります。

昭和世代の方は覚えていらっしゃるかと思いますが、厚紙でできている固い切符です。この切符は、自動発券機ではなく駅員さんのいる窓口で買うことができます。私はこの固い切符の持ち味が大好きで、いつも楽しみに駅員さんからこの切符を買っていました。

本心では、切符を持って帰って宝箱に大切にしまいたいくらいですが、到着駅でサヨナラです。でも電車に乗っている間だけでも、その固い切符を握っていられるので何だかウキウキしていたのを、今では懐かしく思い出しています。

あれから固い切符を手にすることもなくなり、自動発券機しか使わなくなりましたが、今でも地方の鉄道会社では、発券されているかもしれませんね。

私がこれから進んでいく人生を喜びで満たしていくにはと思ったとき、何となくこの固い切符を思い出しました。

わざわざ窓口まで行くけれど、そこでは駅員さんが固い切符を私に手渡してくれるまでの過程まで見られて楽しいのです。後ろの棚から厚紙の切符を出し、横の機械でガチャンコし、ペンで何かチェックしていた様子を覚えています。

そして出来上がった切符を渡されるのですが、このちょっとしたかわいいくらいの時間で、こんなに心がハッピーになれたのだなあ、と改めて感心します。

もっと生活に余裕をもたせ、自分の心が優しく温かくなれる選択をする

人生を本気で楽しく味わっていきたいと思ったとき、私に色々な変化が起こりました。変化すると今まで背負っていたいらないものが見えてきて、本当に必要なものだけがスポットライトを当てたかのように見えだします。

今、それをチャンスにしていく作業が楽しくて充実しています。この固い切符もその中の気づきです。

便利、手軽、簡単もみんなの生活をスムーズにし、快適にしていく要素としては大切なことです。私も特にこだわりがないものは、ささっと済ませてしまうほうが楽ですから、そちらを選びます。

でも、人間には感情があります。ですから、すべて便利な生活を追求してしまうと味気ない生活になってしまう気がします。

目には見えない優しさ温かさですが、人間にとって目に見える物事よりも、遥かに大きな役割を与えてくれると、私は常々思っています。

手間をかけたり、時間を費やすことが何となく敬遠されている現代の流れを、少しずつでも変化させていけば、またぬくもりのある社会が創造できるのでは、と思うのです。便利さと人の温かみが上手く調和されたバランスの良い生活は、これからの私のテーマでもあります。

新しさと古さの両方の良さを大切にすることで、また新しいスタイルの感覚が生まれ楽しくなるかもしれません。

まずは、便利さに慣れ時間をかけることに抵抗していた自分を解放することからスタートです。

そして、私はこれからの生活にこの固い切符のような場面をたくさん増やし、温かさを感じて生きていきたいと思っています。

気のせいかもしれませんが、固い切符はペラペラの切符よりも握っていて温かく、駅員さんのぬくもりを感じることができました。

もっと生活に余裕をもたせ、自分の心が優しく温かくなれる選択をしていく。ただそれだけでいいのだと思えるのです。

8 父と母を大切に

父の口癖は「感謝、感謝」

私にとって、父は偉大です。私が生まれてから今までとにかく愛情をたくさん注いでくれています。娘なのでよくわかります。

勉強や進路のことなどには一切タッチしませんでしたが、人生の教訓をいつも口癖のように聞かせてくれました。父の口癖は「感謝、感謝」です。

今、父のお世話ができて本当に心から嬉しいし安心しています。父の右半身マヒが回復するよう、心を込めて栄養のバランスが良い食事づくりをしています。

父が倒れたおかげで、私も実家に帰ることができたので、この流れにも「感謝、感謝」です。

そして、母も偉大です。教育ママそのもので、小さいころは本当に鬼ではないかと思うほどでした。

しかし、そのおかげで色々な才能を引き出してもらい、とても有難く思っています。

昔の母が子供の才能にかける情熱は真似できないほどです。今は私のほうが母に対して、少々厳しくなっています。変われば変わるもんだ、とお互いに苦笑いです。

両親は私の神様

私を育ててくれた二人は、私の神様です。

両親より背が高くなっても、稼ぐようになっても、知識をたくさん持っていても、どんなときも両親は常に私を守っている崇高な存在なのです。

私が短期大学に入り、下宿するようになってその後、会社の寮、一人暮らし、結婚と流れるように続き、家を離れていたのでこうして両親と共に暮らせることができるのは25年ぶりになります。あっという間でしたが、改めて長い間遠征してきた感じです。

色々な流れの中で、自分の心地よさを大切にしようと決意した途端、どこからか守られ導かれ、道が見え、志すことが光そそぐように溢れ出してきたのです。

その中から、両親との同居が自然と生まれ実現したのです。

遠くに住んでいたときも、気持ちを贈ってはいましたが、何だか不完全燃焼で、「いつか、将来は近くに」とただ漠然と願うだけでした。これからは、父と母を思う存分大切にしていきたいと、心から想っています。

夢はにぎやか家族

人にはそれぞれタイミングがあります。私においては、今が両親と一緒に暮らせるグッドタイミングだったのです。

もちろん、たまに帰省していたものの25年ほど別々に暮らしていたわけですから、最初は生活のペースやパターンがかみ合わず、ギクシャクすることもありました。

しかし、心は愛情でしっかり繋がっているので、たとえ何があったとしても大丈夫なのです。そしてゆっくり調和していくのです。

本来の自分の姿で、表現していればよいだけです。頭を使う必要などありません。そもそも両親は何でもわかっていますし、自分で言うのも何ですが、世界一わが子が大切でかわいいのです。心が通じていれば"It's all right"です。そして安心感に包まれて、親子で生活できている今に心から感謝し大切にしていきたいと思っています。

変化をするときは勇気もいりますが、それはほんの最初の間だけです。自分の気持ちと一体化した変化と行動は、どんどん広がる充実感で溢れ出します。

私はもう核家族化した生活には理想を持っていません。夢は〝にぎやか家族〟です。

家族、近所、地域、社会すべて同じ温かい人間です。分け隔てや壁をつくらず、風通しの良い交流が理想です。

昔の家にあったような、縁側。ゆっくりした時間の流れ。道で声をかけてくれる近所の人たち…。

そんな温かい風景がまた蘇るよう、私なりに一歩ずつ踏み出していきます。

9 心に響くものは光の糸

いつまでも心に響いているものは大切に

ふと目にしたこと、耳にしたことの中で自分に心地よくスーッと入ってきて、いつまでも心に響いていること、ありますよね。そういうものは、すべて私たちを良い方向へ歩ませてくれる道しるべだと思っています。

ですから、大なり小なりその響いたものは大切にします、きっと自分の中のある部分と同調し、相性がとても良いものなのでしょう。

まず心に響いたという時点で、自分の能力がそれを確実に理解したことになります。そして、理解できたということは行動に起こせば達成することができるということなのです。

ですから、心に響いたものは、今の自分にすぐ取り入れて、どんどん自分の新しいエッセンスとして調和させ世界を広げていっていいのです。

私たちは時間と共に暮らしていますから、その成果が多少後からやってきて時間がかかる場合もありますが、必ず何かしらの形で好条件となり帰ってきます。

さあ、心に響いたものは私たちが幸せになっていく光の糸です。自分にGOサインを出し勇気と自信を持って取り入れていきましょう。

社家の孫娘

最近の私で言いますと、昨年熊本に住んでいた祖父が99歳で亡くなり、一人で住んでいた大きな家、庭がそのままになっていると母から聞いていました。

祖父は先祖代々受け継いでいる神社の宮司をしていました。今は伯父が務めています。

先日、その伯父から手紙をもらいました。その中に「美穂（私の名前）は社家の孫娘だから」という言葉があり、私はこの〝孫娘〟という言葉を目にした瞬間、何だかとても心が温かくなり嬉しくなったのです。

まさに心に響いてきたのです。

小、中学校以来、自分の生活に追われ熊本へ遊びにいくこともなくなり、田舎の様子は母から聞くだけになっていましたから、神社のこともあまり意識していない年月が30年ほど過ぎていました。

そのような状況なのに、伯父が手紙の中で「社家の孫娘」と強く意識づけしてくれたことに、とても感動しました。

それから日に日に熊本への思いが強くなってきています。

そして、母と話しているうちに近いうち熊本に移り神社のお手伝いをして大切に守っていきたいという気持ちが湧いてきたのです。

今、私の世界はさらに広がりだしています。

心に響いたものは大なり小なり〝光の糸〟

このように、心に響いたものは大なり小なり〝光の糸〟です。その糸を大切に辿っていくと本来の自分が見えてきます。

それも無理がない自然な感じで。それが見えたとき最高に嬉しくなり夢が広がっていくのを感じます。

どんなときも自分の感覚を第一優先にしてあげて、のびのびしていることで、たくさんの嬉しい情報や人や物が集まりだします。

そしてその中で楽しくしていると周りの人たちもハッピーになってきます。自然と笑顔が伝わり、笑顔の花が咲き始めるのです。

まずは、自分がハッピーになっていいのです。すると、光の糸がたくさん見えてくるのです。それがスペシャルベストな生き方なのです。

10 魅力的な人は〝掛け算の人〟

魅力的な人は、いつも自分をプラスへ運んでくれる

自分にとって魅力的な人というのはとても大切な存在です。それは、自分のやる気を上げてくれたり、夢へのヒントを与えてくれたり、あるときは安らぎや癒しをもらえたりする人です。この魅力的な人は、いつも自分をプラスへ運んでくれます。

色々な性格やタイプの人たちの中から自分の好みに調和した、貴重な人です。ですから、魅力的な人との出会いは宝物を見つけたと思ってよいくらいだと思います。

私にも、魅力的だなと思う人たちがいます。その人たちを思い浮かべると共通点があります。まず、自分のモチベーションが上がります。そして真似したいことをたくさん持っています。さらに、その人を思うことで自分の可能性の広がりを感じます。

自分に掛け合わせることで、喜びや楽しさが倍増する人たちに魅力を感じる

私は計算式でたとえるなら〝掛け算〟以上の人かな、と思っているのです。自分に掛け合わせることで、喜びや楽しさが倍増する、そういう人たちに魅力を感じています。

〝足し算〟だと相性が良いという感じでしょうか。

仕事でも、何かのお付き合いでも相性が良い人とは、プラスの展開になっていきます。ですから、自分の周りは常にプラスの人たちで満たしておきたいですね。

要注意なのが〝引き算〟〝割り算〟タイプの人

ここで、要注意なのが〝引き算〟〝割り算〟タイプの人です。会うと疲れる人、やる気にふたをする人などは、絶対に近寄ってはダメだといつも思っています。

自分が不快感を感じたら我慢しないで、すぐに離れるなどして対処します。これは、失礼でも何でもありません。大切な自分を守るためです。

今まで私も「我慢が美徳」だと勘違いしていたので、すべてのタイプの人と上手く関係を保っていくことに努力していました。しかし経験を重ねていくうちに、そうではないことに気づいてきたのです。すると、心が軽くなり、今までの束縛から解放された気持ちで楽になりました。

さらに自分も〝掛け算〟の人になることを理想としています。

私と出会う人は笑顔にしたい。そして前向きに歩んでいくサポーターになりたい。明るい未来を伝えたい。そんなことができる私になりたいと思っています。

11 怒るは無駄な時間

相手が自分に抵抗を示したとき、湧き出す感情が怒る

そもそも〝怒る〟という行為は何なのでしょう。

人間関係の中から出される感情なのですが、相手に対し強い抵抗を感じたとき、逆に相手が自分に抵抗を示したとき、湧き出す感情だと思っています。

ですから、根元の強く感じた抵抗感を自分が感じなければ、この怒るという行為はなくなると思うのです。

私は、このことに気づいてからは怒ることを自然としなくなりました。無理しているわけでもなく本当に怒る感情が私の中から薄れていきました。

それは、自分が抵抗することをしなくなったからです。

抵抗を感じる嫌いな状態の場合は、早い段階でさらりと処理

生活していく中で、好きな状態、嫌いな状態はでてきて当たり前です。

好きな状態は、思う存分楽しみますが、その逆に抵抗を感じる嫌いな状態の場合は、早い段階でさらりと処理してしまうのです。

その場合、外側の相手やものを変えるのではなく、それに対する自分の考え方を変えるのです。抵抗を感じたものは、同調しないものまたは相性の良くないものといえるでしょう。

ですから、無理して合わせても上手くいきません。

そういったものとはまず距離を置いて、同じ土俵に立つのをやめます。自分は自分の心地よくなる別の空間にいて、相手とは違う世界で暮らしていると思うのです。

相手の世界に入って重いものを共有してはいけないのです。

自分と相手の関係を区別することが大切

ここを上手にコントロールできたら大丈夫！　ここはきっぱり自分と相手の関係を区別することが大切です。

これは別に相手を嫌いになるということではないのです。相手は相手で１００パーセントの力で存在しているので、それはそれでよいのです。

ただ自分とは、違う世界の違う方向に流れていく人で、交じり合うことができないだけです。水と油の関係です。

相手が世間一般的にどうしてもかかわらないといけない人でも、無理しないことを優先してあげてください。

大抵の場合、怒っているときは相手のカテゴリーに自分が入り過ぎています。相手が悪いのではなく自分が入り込んでいるのですから、ただシンプルにそこから抜け出せばいいだけです。

そんなときは、まず自分の今取り組んでいることを充実させたり、これから楽しみにしていることへのアイデアを膨らませるなど心地よいと思えることに意識を移し、相手を気にしないことです。

相手は無理やり変わるものではありません。そんな無駄なことをしていたら、時間ももったいないですし、心も体も疲れます。それよりも、時間をハッピーに過ごし笑顔でいたほうが明らかに楽しめます。さらにそこから新しい出会いやチャンスが舞い込んでくるかもしれません。

プラスはプラスを引き寄せます。楽しいことをしていると、さらに楽しいことが近づいてきて、可能性がどんどん広がりだすのです。

自分軸がすべての基準です。自分がぶれない気持ちでいれば、結果は良い方向へ流れていきます。

自分の足元を〝お花畑〟のように思い描き、自分の手入れしているお花たちのお世話や、お花たちから与えられる美しさの感動に浸って、自分の世界を満喫していればよいだけです。

こうしていくと、〝怒る〟という感情がなくなっていきます。

シンプルに自分の感覚を大切にしていれば、すべて上手く調和していくでしょう。

12 好きなことをしていると疲れない

自然体でいられれば、疲れなどとは無縁になる

私が思うに、本来人間は自然の一部ですから、自然の流れに沿って生きていれば、疲れることなどないと思っています。

朝日が昇り夕日が沈むように、小鳥たちの自由なさえずりのように、若葉が茂り秋には紅葉していくように、川のせせらぎが流れていくように。

そんな自然体でいられれば、疲れなどとは無縁になると思います。

人間はほかの生き物より知識が発達した分、余計な労力まで進化させてしまいました。

今、疲れを知らない人はいないくらい現実は蔓延しています。その場限りの栄養ドリンク剤や、癒しグッズを目にするたびに、心が悲しくなります。もっと根本的なところを変えて流れをよくしていかないと、と思うのです。

さあ、どうすればよいのでしょうか。それは、自分の軸をしっかり立て自分自身の素直な気持ちに合わせて生活し選択していけばいいだけです。

一言でいえば、ナチュラルでいることです。

例えば、誰もが経験していることと思いますが、自分の好きなことをしていると疲れません。多少肉体的な疲れは出ますが、心は全く疲れないので、何時間費やしたとしてもウキウキして楽しいのです。

これは、気持ちと体がピタッと合っていて、すべてが喜んでいる充実した状態です。この良い状態を日常にどんどん取り入れ過ごせたら、快適な毎日になってくるはずです。

疲れるまで、やらなくてよい

今までですと、疲れるまで何かに専念することで〝達成感〟があると思い、それを美徳としてきましたが、実はそうではないことに気づき始め、私の生活はがらりと発展しました。

疲れるまで、やらなくてよいのです。人間はそもそも疲れるために生きているのではありません。本来は楽しくハッピーに暮らし、幸せを創造していく生き物なのです。そのために脳が発達し、知識も豊富になり素晴らしい肉体の進化を遂げてきたと思うのです。

この素晴らしい体を、疲れなどに邪魔されて生かせないのだとしたら、非常に理不尽でもったいないことです。ですから、私は率先して疲れない生活を実践しています。

そもそも、自分の意志と反していることをすると疲れを感じるわけですから、反していることをしなければいいだけです。ただそれだけのことなのです。

生活のすべてを好きなことで埋め尽くせないとしても、一つ、二つと徐々に増やしていけばよいのです。

そうしていくうちに、すっかり生活自体が楽しいことでいっぱいになり、夢のような状態が創り上げられているかもしれません。

意識を変えることからスタート

まず意識を変えることからスタートです。自分が納得していないことを行動するのはやめましょう。

そこは、あなたの本当のステージではありません。どんなに頑張ってもその状況から嬉しい結果には繋がりません。

それよりも、好きなことを好きなときにどんどんやりましょう。小さなことでもいいのです。

そうしていくうちに、疲れなど知らない体質になり、本来の自分を生かせる仕事に出会ったり、人生を飛躍させるような出来事が起こったりして感動と共に成功へ繋がるかもしれません。

好きなことをしているときというのは、自分という花にたっぷりのお水を与え生き生きさせていることなのでしょう。そうしているうちに、美しい花を咲かせ観る人すべてを感動させていくのですね。

13 変化〝夢への扉〟

変化をしなければ何も変わらない

私たちは、いつもの習慣や生活スタイルを変えようとするとき、一瞬戸惑うことがあります。戸惑う必要がないのに、変化することをためらってしまうのです。

経験のないことへ進むのですから当然かもしれません。

しかし、変化をしなければ何も変わりません。今より更なる飛躍を望むのであれば、変化は逆に自分のサポーターだと思って信頼していくべきだと思います。

そして勇気をもって変化したとき、そこには大きな輝く扉が待っています。

その扉はあなたを待っていてスッーと開き始めます。何も心配はいりません。

その扉の世界は、予想以上に素晴らしい世界です。一歩足を踏み入れた途端にウキウキが始まります。

こうして変化の扉を自分で選び、焦らず楽しんで軽やかに進んでいけば、「夢への扉」も直に表れてくるはずです。

幸せになることは、難しくない

私が経験してきた中で、勇気をもって大きな変化をしたときほど、必ず良い方向へ流れていっています。

思っていた以上の成果や出会いが待っていてくれました。「あのとき思い切ってチャレンジして良かったな」と思うことばかりです。

逆に、今でも後悔が残るのは変化をためらい惰性を選んでしまったときです。経過もそれほど発展せず、飛躍どころか下降線をたどる流れになってしまいました。

自分の枠を外し、自由になりたいようになっていくことは、わがままでも何でもありません。

そして変化することに年齢も関係ありません。若い方がまったく扉を開けようとしないこともあれば、１００歳近い方が新たなる扉を開けて羽ばたいていることもあるのです。

変化は自分をバックアップしてくれる大切な要素であるということを忘れないでください。私たちはドキドキワクワクしながら、喜びを感じて遊び心で生活を創り上げていっていいのです。

ですから、私たちも今すぐここから始められます。

心を軽く柔軟にしておけばいいだけです。そしてタイミングが来たとき喜んで変化していくだけです。

幸せになることは、難しくないのです。

14 一本筋が入っている美しさ

地に足がついた美しさにする

私の目指す美しさは、外見だけの美しさではなく、内側から輝くような光が溢れだし安心感が漂うような美しさです。

外見を磨くことはとても大切です。お肌や髪の毛、体型の管理、お化粧、洋服選びなど、私も好きですし、綺麗になることは女性にとって永遠のテーマです。

私も若かりしときは、これが美しさを磨くすべてなのだと思っていました。しかし年を重ねていくうちに気づいてきたのですが、外見の美しさだけだと何となく芯のない即席のような美しさになってしまうのです。これをさらにパワーアップさせて、地に足がついた美しさにしていくには、やはり内側をいかに充実させているかなのです。

芯のある美しさ

芯のある美しさは、そこから生まれます。内側を磨くとはどういうことでしょうか。

まず何かをしてというよりも先に、ありのままの自分を受け入れることです。そして、そのありのままを貴重な存在として認めてあげます。できること・できないことがあるのは人間みな当たり前です。

すべてをさらけ出すことでのびのびし、逆に力が発揮できて強くなれるのです。

こうして自然体になったら、自分が生き生きしてやれることを進めて、それを創造し確立していく過程を楽しめばいいのです。自分の決意したことですから、意志を貫いて進んでいくだけです。もし何か言われたとしても、気にせず行きましょう。

外面と内面両方輝くことで、本物の美しさが備わり始める

自分を一番理解しているのは、紛れもない自分です。

そして自分のすべてを受け入れ信じたことで自信が生まれ、自分をたくさん愛することができるようになります。そこに光り輝く美しさが舞い降りるのです。

内面が輝きだすと、自然と表情も落ち着き素敵な微笑みが出てきます。その微笑みは見る人を安心させ包み込んでくれるかのような包容力まで感じます。外面と内面は連動しています。どちらが欠けても美しさは確立できません。両方輝くことで、本物の美しさが備わり始めます。

私も、この美しさを理想とし、日々を大切にして歩んでいきたいといつも思っています。

15 お金は幸せになるための潤滑油

夢の実現への潤滑油

私にとってのお金とは、生活を豊かにさせて充実するために大いに役立ってくれる大切な存在だと思っています。

ただ私の場合、お金だけを特別視するのではなく、何かウキウキするような夢が現れたとき、それに必要であれば丁寧に準備していくという感じです。夢の実現への潤滑油かなと思っています。

お金との向き合い方は、人それぞれですから何が正しいとかは全くありません。

私が経験を重ねてきた中で、こうした私なりのスタンスができたのです。

自分が充実して今にとても感謝しているとき、お金も足並みをそろえるかのように付いてきてくれます。素直な感謝の気持ちで過ごしていると、さらにお金が舞い込んできたりするのです。

自分の限界を決めてしまったらそこで幸せもストップ

今後、私も気を付けようと思っているのですが、たくさんのお金に対し申し訳ないとか、今だけだろうと思うと本当にそうなってしまうので、良い流れはありのまま受け取っていこうと思っています。

自分の限界を決めてしまったらそこで幸せもストップです。自然に任せればバランスをとってくれるのです。

そして、楽しい生活を円滑にしてくれるお金を、自分が本当に嬉しくなることで使うようにしていきたいと思います。

昔は、私も流行や体裁を重視していたので、お金の使い方もすっきりしていなかったように思います。

本来の自分意識に軸を合わせるようになると、本当に心も体もシンプルで楽になり、何かを求めることも本物だけになっていきます。

その結果、無駄なことが省かれていくのでとても快適ですし気持ちよくお金と向き合うこともできるようになります。

お金と仲良く付き合い、幸せな未来を築いていく

そして、本当に自分が喜ぶものへお金を使い始めると、お金もきれいな流れで動き出すような気がします。

すると、感謝の気持ちも自然と芽生え、自分とお金の関係が調和していることを確信できるようになります。

私の場合、最近は本当に納得のいくものにしかお金を使わなくなりました。一応バーゲンやセールと聞くとしっかり目を通しますが、それが得だから買うべきだと直結しなくなっています。

まず、それが本当に今の自分に必要であり、心がパーッと広がるようなものであるかが基準です。

また値段が高いからといって自分が満足するものとは限りませんので、自分の感覚が第一優先なのです。

そして気持ち良い買い物に使われたお金も、きっと喜んでいることでしょう。

お金の使い方がシンプルになると余裕ある気持ちでいられるのです。

今後、私にとても大きな夢が舞い込んできて、その先に笑顔の自分があり、大きなお金が必要となれば、そこへ向けて心を広げ準備していくことでしょう。そして絶妙なタイミングでお金も整うと信じていますし、確信もしています。

お金は夢への実現に役立つ大切な仲間です。流れをスムーズにしてくれる潤滑油の役割を果たしてくれます。ですから、お金を複雑に考えたりすることなく、ただ心地良い関係をシンプルに保って、仲良くしていきたいと思っています。

そして、感謝の気持ちを常に持ち続けていこうと思います。

16 すべてを軽く軽く

私がいつも心掛けている感覚の一つに軽くというものがあります。言い換えたら「重くならない」ということです。

心持を常に軽くしておく

具体的には、心持ちを常に軽くしておくのです。

例えば、憧れの夢に対して、何か期待していることに関して、これから入ろうとしている新しい世界へ向けて、軽い心持ちでいるようにするのです。

「きっと上手く流れていくだろう」と信じてサラリと待っている感じで、あとは今の自分に焦点を合わせてできることを楽しんでいるだけです。

心持ちを軽くしておいたほうが身動きも楽ですし、想定外のことが起こったとしても臨機応変に対応できます。気持ちが軽い分、余裕があるのです。

また、嫌な感情を覚えたときもすぐにサラッと手放します。感情が軽いうちのほうが簡単です。

「ああ、自分とは居場所が違うな」「自分とはきっと調和しないな」と感じたら、気にせず自分から外してしまいます。するとシンプルな心地良さが戻ってきます。

楽しくハッピーライフを築いていきたい

また、心持ちだけでなく生活の仕方も〝軽く〟するよう心掛けています。もともと整理整頓が好きなので、私の身の回りはいつもスッキリしています。

遊びに来る友だちや家族たちは、あまりの物の少なさにびっくりしますが、私は十分満足に生活できているのです。必要で本当に自分が気に入っているものを選択しているだけです。こうすることで住まいがとても軽くなります。収納場所も詰め込まず、空間を持たせると気持ちがよいです。

また、掃除も好きなので目についた汚れはその場でササッとキレイにしてしまいます。気づいたところから掃除して、疲れそうになったらまたあとでという感じなので掃除も苦になりません。

これを心掛けていると、部屋もほぼ清潔で整っていますから風通しも良く流れる空気もクリアーです。そのような空間で過ごしていたら自分も気持ちよいので、良い思い、良い行動も自然と伴ってきます。

〝軽く〟していく作業はやっていくうちに、あまりの心地良さにはまります。選択は自分次第です。軽くするか、重くするかは自由です。でも、どうせなら楽しくハッピーライフを築いていきたいですよね。

17 何事も穏やかに

自分の力量を実際よりも低く評価していないか

今、現代社会を生きている多くの人たちは、本来の素晴らしい自分の能力に気づかず、ある枠組みの中で自分の限界や程度を決めてしまい生活しているところがあります。

それは自分の力量を実際よりも低く評価していることになります。

例えば、今の状況に何か抵抗を感じていたり、時間を迫られ焦っていたりしたら、本来の自分の能力の半分も発揮できてないでしょう。その結果、自分ができることはこれくらいだと諦めてしまうことになります。

これがもし快適な環境の中で行えるとしたら、例えば自分の納得いく事柄、心地よい空間、余裕ある時間の中で何か事にあたった場合、思っていた以上の成果や結果が出て「自分ってスゴイ」と感動したりします。

これこそが奇跡やまぐれではなく、本来の自分の能力なのです。そしてその能力を自分で認識してあげることで、さらにまた広がる可能性を目指していけるのです。

能力を発揮していくことに大きく関係しているのが〝環境〟

このように、能力を発揮していくことに大きく関係しているのが〝環境〟であると私は確信しています。〝環境〟を上手く整えてあげれば、人はのびのびと自分を表現していけるはずです。

これを私は、色々な人間関係においてとても意識するようになりました。

例えば、公的な事務手続などをする場合、ついお互いに形だけの簡素な態度で、早く済ませたいといわんばかりの口調でやり取りする場合が多いと思います。

すると窓口の方も、焦って急ぎ足で手続を行います。これが問題なのです。

人は、焦ったりせき立てられたりすると、心と体が硬くなり本来の能力が出しづらくなるのです。本当です。

その結果、業務にミスが出たり手間取ったりして、結局待つほうも時間を要するようになってしまうのです。

「余裕をもってやってください」という空気感を漂わせる

ですから、私は、このような事務手続の場合、必ず窓口の方に穏やかに話しかけ、手続前に一言「ありがとうございます」と声をかけ「余裕をもってやってください」という空気感を漂わせます。

すると、相手のほうも心地よく業務を進めている様子で、結果早い対応ですませてくれて待ち時間もかからなかったりするのです。

穏やかな空気感は、人を解放させてくれます。どんな人間関係においても、相手を責めたてたり急がせたりしないことを私は心掛けています。

親子・友人などの慣れている関係においてもこれは同じです。特別な関係だから気を付けないということはありません。

どんなシチュエーションでも相手が能力を十分発揮できるよう、自分にできる心遣いは常に持ち続けていたいと思っています。

そして自分がハートを贈った人には温かさが必ず伝わりますから、やがて何らかの形で相手のハートも贈られ、自分も快適な気持ちになれるのです。

人間には理屈や証明などでは説明できない未知のエネルギーと可能性がまだ無限にあります。

これからは、物質社会や競争社会を卒業して、もっと人と人とが寄り添い、手を取り合うような新しい社会を創り上げていきましょう。

まずはシンプルに目の前の人を思いやり、お互いが穏やかな気持ちでいられるよう自分を表現していくだけです。たったこれだけでも、素晴らしい循環が生まれてくるのです。

物事に余白をつくると、中身が引き立ちます。詰め込むことをやめて、余白をもたせればいいだけです。スムーズな流れをつくっていくことは決して難しくないのです。

18 壁は乗り越えず溶かそう

壁がふさがった状態に感じる

私たちは毎日の生活の中で、ある一定の習慣をつくっています。その習慣が当たり前と思い込み誰かから強制されたわけでもないのにその習慣の中で過ごそうとします。

自分が納得しているものであればいいのですが、みんながそうしているから、というふうに流された生活習慣だと、いざ変化やトラブルが起きたときとても慌ててしまうことになります。

これは、まさにその人にとって壁がふさがった状態に感じることでしょう。そして今度はどうにか壁を乗り越えようとします。

実際、私が経験してきた中で見てみると、この壁と感じるものは実は自分への大切なメッセージなのです。ですから、乗り越えるものではないと思うのです。

どうして壁が立ちふさがったのかというと、今のままの習慣ややり方ではこれ以上前に進めないよ、ということを知らせたいのです。

そこに気づけば、壁は自然と崩れ溶けていきます。

自分の意志と自然体を守り、日々生活することを心掛けていく

優しい人ほどそうなのですが、人を気にし過ぎたり人のためばかりを考えていると、自分に矛盾が出てきてストレスを抱えることになります。

ストレスを感じていては人のためとはいえ、相手も嬉しくありません。それよりはのびのびした行動を見ているほうが、よほど気持ちが良いでしょう。

遠慮＝中途半端です。何事も中途半端は良くない結果に繋がります。

どうせ何かに臨むなら思いっきり挑戦して最高の結果を生み出したいですよね。ですから遠慮はいりません。相手も遠慮は強制していません。

こうした習慣を心がけていれば壁も立ちふさがらなくなるはずですし、たとえふさがったとしても自分の力で判断し溶かしていけるでしょう。

人は変化をためらう癖があります。思い切った変化をすると周りは驚くかもしれませんが、それはほんの一時でさほど意識していないことが多いのです。

それよりも自分の意志と自然体を守り、日々生活することを心掛けていきましょう。

私たちがよりよくなるようにと現れた壁です。大切なメッセンジャーです。大きく成長できるときだと思い楽しんで溶かしてしまいましょう。そして壁を溶かした先には、まだ経験したことのない素晴らしい出会いや状況が、あなたを迎えてくれることでしょう。

19 あなたを待っていてくれるのは…

自由に生活スタイルを選択できるようになった現代

今、現代を生きている私たちは、戦後の一時期と比べ、とても自由に生活スタイルを選択できるようになりました。

これは戦後生き抜いてより良い社会を目指し労力を費やしてくれた昔の人たちのおかげです。心から感謝したいと思います。

その自由な環境の中、私たちは人生を築き歩んでいます。夢への道のりはもしかしたら時間がかかるかもしれません。しかし、本当に叶えたい夢ならばそこで諦めず前に進んでいきましょう。

ここがあなたの本当の居場所だよ

以前、何かで目にしたお話にとても感動したことがあります。

それは、私たちが今音階のドレミファ～の「ド」にいたとします。そして目標を「ソ」にしたとします。何故「ソ」にしたかは自分の程度を枠や常識の基準で判断した架空の能力です。そして「ド」

から「レ」、「レ」から「ミ」と進んでいくうち「ソ」まで行きますが、何となく達成感がありません。このまま「ソ」で落ち着くか、更なる発展の可能性を信じて先に進むかは本人の自由です。

その人は先へ進んでみることにしました。徐々に進んでもまだ何となくしっくりきません。これ以上先に進んでも無駄かもしれないという思いも出てきたりします。

そうして何とか自分の意志を信じ進んでいくと、一オクターブ上の「ド」に辿り着きました。

すると、待っていてくれたかのように「ここがあなたの本当の居場所だよ」と言って大きなステージの上で優しく包み込んでくれたというたとえ話です。

自分の可能性を信じあきらめることなく歩んでいきたい

このお話は、自分とほど遠いと思い目標にすら思い浮かばなかったところが、実は本来の自分とぴったり調和する最高の場所で、そこには今まで出会ったことがないような素晴らしい仲間がたくさんいるということなのです。

私は事あるごとにこのたとえ話を思い出し、いつもやる気と勇気をもらっています。

それぞれの人たちが、自分の可能性を信じこのように大きなステージを目指していけたら、なんて幸せで有意義な世の中になるのだろうと期待するとともに、私自身もエンジョイして、あきらめることなく歩んでいきたいと思っています。

20 自分は一つ

日常生活でいくつもの役割を担っている

みなさんは日常生活でいくつの役割を担っていますか。男性だと、仕事人・夫・父親等々、女性だと、母・妻・嫁・仕事人、他にもたくさんあることでしょう。

私たちは無意識ですが、この様々な役割に自分をはめ込み、その顔をその時々で変えて装い過ごしています。役割が多いほど気を使いますし、大変です。

私も長い間、こんな風な気遣いの中、過ごしてきました。ふと客観的に自分を見つめ直したとき、ふと気づいたのです。

「とても無駄で意味のない労力を費やしていたな」「勝手な枠を自分につくっていたな」と。

人情の心をもって人間関係を築いていく

東北の大震災があり、それから私の中で色々な変化がありました。今まで頑なに背負っていたものが外れだしました。多くの気づきもあり、意識や考え方がシンプルで明快になりました。

震災のとき、人々から溢れる人情をとても強く感じ、これかの何かテーマのように思い始めました。

人情とは、人間の自然な心から生まれる思いやり、情けの気持ちです。人情に表も裏もありません。役割も義務もないのです。

あの非常事態のとき、本来の自分を取り戻した人はとても多かったと思います。そこに役割や体裁はありませんでした。心からの声がみな行動に表れていたのです。

もう制限は外して、思った通りの道を切り開いていっていいのだと確信しました。それが本当の人間のあり方であり、やるべきことなのです。

震災の悲しい現実を無駄にせず、これからの自分たちの道しるべとして大切にしていくことで、大きな勇気が動き出すに違いありません。

もう小さな枠に入らず、自分を一つにして人情の心をもって人間関係を築いていく。ただそれだけです。

もう生活をあれやこれやと複雑にする必要はありません。家の中でも外でも誰と会うときでも、一つの顔の自分でＯＫです。

自分を一つにし、人情をもって行動する。渋い響きのある言葉ですが、これからの新しい未来を創造していく上で大いに役立ち、私たちをさらに繁栄させてくれるものであることは確かです。

21 恋愛について

相手を探すことは、実は自分を探していること

私も数多くはありませんが、いくつかの恋愛を経験してきました。

今だと恋愛も一つの人間関係だと冷静に見られるのですが、当時はすっかり恋愛物語のヒロインになりきっていて、相手の行動が気になってしょうがないという状態でした。初々しい思い出です。

時として、恋愛の相手から受ける影響はとても大きいので、私たちは慎重に選ぼうとします。しかし、出会った相手というのは紛れもない自分を反映している人なのです。

ですから、相手を探すことというのは、実は自分を探していることなのです。

私の数少ない恋愛経験の中で見ると、自分がとても充実して自信をもって楽しく生活していたときに出会った相手は、穏やかで一緒にいて落ち着ける優しい人でした。

言葉数は少ないのですが、温かさがいつもにじみ出ていてどこかで会ったことがあるような気がする懐かしい気持ちにさせてくれる人でした。

このころは、私も生活が理想通りに進み出し生き生きしている毎日でした。きっと私がのびのびした気持ちでいたので、直感も磨かれていたのでしょう。

お互いがたくさんの人たちの中から約束したように出会い、一緒に過ごせたという奇跡に今でも感謝しています。


最初にすることは相手を探すことではなく、自分自身を整えておくこと

逆に、自分に自信がないときや自分の本来のパワーが活かせてない生活を送っているときに出会った相手は、やはりマイナス思考の人なのです。ですから、お付き合いしていても今一つ充実感に欠けるのです。当時本人は全くわかっていませんでしたから、無駄な労力を費やしました。

相手は自分の反映です。最初にすることは相手を探すことではなく、自分自身を整えておくことなのです。方法はシンプルで簡単です。

ただ自分が心地良い生活をしていればよいのです。嫌なことはきっぱり手放して自分の思いを大切に守って歩んでいく。ただそれだけで本物の相手と出会うことができます。

タイミングは自分で無理に決めず、すべて神様にお任せです。このようなスタンスでいると、出会っていく人たちも魅力的な人が多くなり、自分の周りも輝き始めます。ですから、ぜひ自分に素直になり嫌なものはきっぱり外して大らかな気持ちでいるよう心掛けておいてください。

そして、ありのままの自分に調和する素敵な相手と共に人生を歩んでいけたら素晴らしいですね。

22　自分と繋がっていれば一生現役

人の評価は気にしない

現役引退という言葉がありますが、私は昔から、あまり意識していません。

ＣＡ（客室乗務員）を退職したときも現役引退とは思いませんでした。それよりも、次に挑戦することにワクワクしていて更なる自分の可能性が楽しみで仕方ありませんでした。

親も友だちも「せっかくＣＡ（客室乗務員）になれたのに辞めてしまうなんてもったいない」と言いましたが、私の中では十分にＣＡ（客室乗務員）を味わい、満喫した感があったのです。

次のステージに心から行きたくてたまらなくなったのだから、しょうがありません。説明する理由などなく、ただ自分の挑戦したい気持ちが溢れているのです。

周りの人は、その人の価値観で表現しますから、それはそれで、その人にとって成立しています。

しかし自分にとっては全く成立しない意見であったりもするので、この際人の評価は気にしないようにしています。

今を丁寧に生きることが、まさに現役

嬉しい占いだけ信じる感じのニュアンスです。そう思うと、昔から私はおっとりしているようで意外に気が強くマイペースだったのですね。

今を丁寧に生きることが、まさに現役なのだと思います。あることを辞めたから引退、隠居と思うのはもったいないことです。

発想の転換で「現役の隠居生活」と思い、ゆったりした生活を大いに堂々と遊んで満喫すれば生き生きした毎日を過ごせると思います。

私の父は、リハビリをしていますが、たまに年齢を理由に弱気なセリフを口にするときがあります。自衛隊の経験もあり、そのころの自分と比較するのです。比較する年齢があまりにも極端なので笑ってしまいますが、本人は真顔です。

そんなとき、私は「リハビリのお蔭で若い介護士さんたちとの交流もできたし、みんなに優しくしてもらえてお父さんの世界が新しく広がったから幸せなのだよ」と言っています。

今に生きて未来を創っていく

「現役リハビリ選手」です。すると、しばらくして再び庭に出て練習を始めています。

自分の今が現役なのです。今を現役にすることで輝き始めます。映画でたとえるなら、脚本も監

督も主演も貴重な自分ですから、やりたいことを思う存分満喫してよいと思います。

そうしてできた作品は伸び伸びしていて楽しいですし、観た人も喜びます。

先日テレビで90歳くらいの女性が陸上を現役でやっている姿が放映されていて、とても感動しました。

練習は近所の陸上クラブの小学生たちと本格的に行っています。その眼差しは、小学生よりもはるかに真剣です。自分の大好きな陸上を過去のものとしてしまい込むのではなく、今まさに自分の原動力として活用し、輝きを放っている素晴らしい姿でした。

幸せの秘訣はこれだなと思いました。

私もこれから今やっていることに美しいスポットライトを当てて、自分を正直に表現していきたいと思っています。

年齢を隠したり恥ずかしがるのではなく、ありのままの姿を価値ある宝物として堂々と、表現していけばいいわけです。そう思えば、多少の目じりのしわだってかわいいものです。

見ないようにするのではなく、もう認識して逆に強さに変えてしまうのです。その堂々さが新しい自分の魅力になっていくかもしれません。

過去に生きるのではなく、今に生きて未来を創っていくことで、一生現役を謳歌していきたいと思います。

日々の生活を快適に
——簡単な習慣で楽しくなる

1 朝は行動的に、昼は快適に、夜は寛いで

朝のご褒美タイムが大好き

私の今の起床時間は4～5時です。寝る時間が10時前なので自然と朝早く目が覚めるのです。実家で暮らすようになって、周りは以前よりも緑がたくさんあり、鳥たちのさえずりが朝の気持ち良いBGMです。

そして朝焼けの空から朝日が昇っていく様子を見ると、本当に気持ちが良くて何とも満ち足りたパワーを感じさせてくれます。私はこの朝のご褒美タイムが大好きです。夜はすーっと寝て、朝はウキウキ起きる。シンプルですが、最高のリズムだと思っています。

一日のスタートが、こんなに気持ち良いと感じたのは何十年ぶりでしょう。

思い起こせばのびのびしていた子供のころは、いつも朝が楽しみだったような気がします。そして今、同じような感覚が戻り、朝を嬉しく感じていることに感動しています。

自分に正直になることで、自分を解放してあげたことで、何か固くて重いものが外れたのでしょう。そういうものを抱えていると生活や感情が複雑になります。そうすると心も体も疲れてきます。

今日一日のスタートの朝。心も体も良好でいたいのであれば、自分に自由をたくさん与えてあげてください。のびのびさせてあげてください。

やりたいことを、やりたいときにしたほうが気持ちも楽

日中も、色々活動しますが、そのときも私は気分の乗ったことを第一優先してやります。やりたいことを、やりたいときにしたほうが気持ちも楽ですし、その余裕からスムーズに進むので、結果短時間で完成度も高いのです。

こうして過ごしていると、時間も気持ちよく流れていき、日中の活動も快適で最高です。

そして昼食後は少し体を休める時間にして寛ぎます。お昼の軽いストレッチをして寛ぎながら音楽を聴いたりしていると、自然とお昼寝していて、またエネルギーが充電されています。

こうして午後のやる気モードにスイッチが入りだします。

自分の気持ちと時間を上手く融合できる状態を保てるようになると、何でも楽しくなり生活も整い、嫌な気持ちになることが全くなくなります。

夕食では、色々な話題が飛び交い、どんどん展開していく

夕方は、早めに夕食づくりを始めます。今日食べたいものをつくるのが基本です。前日のメニュー

をアレンジして新しいメニューにしていくことも楽しいつくり方です。

食材は無駄にしたくないのですべて使い切ると気持ちが良いですね。そして素材の味を生かしたシンプルな味付けでササッとこしらえます。時間はかけませんが、丁寧に心を込めてつくるようにしています。

丁寧につくると、出来上がりがとても美味しそうに仕上がりますし、実際に美味しいので食事が一層楽しくなります。

そしてみんなが美味しい気持ちを共有すると、会話も弾み食事の時間が充実してきます。毎日の夕食がみんなの憩いになり、今日一日のご褒美タイムです。

私の家の夕食では、たくさんの会話がありその中で色々な話題が飛び交いそれぞれの話題をどんどん展開していくのです。

人の悪口を絶対に言わないことがルール

私の家では一つだけルールがあります。私が決めて家族にも守ってもらっています。それは「人の悪口を絶対に言わないこと」です。これさえ守っていれば、楽しい会話が広がります。

実家で生活するようになって、暫くの間は私も両親の生活ペースに合わせ、様子をうかがう感じで過ごしていました、そして1~2か月を過ぎたころ、母の何気ない会話がとても気になりだしたのです。

他人やマスコミへの批判がものすごく多いのです。これでは何も前向きな考えは起こらず、しかも周りまでその雰囲気にのまれてしまい、ぐったりしてしまいます。

そこで私も我慢せずにありのまま思ったことを言ってみました。母も当たり前のように毎日会話していた内容をストップするのですから、自分の中で葛藤はあったようでしたが、しばらくすると落ち着いてきて、我が家から人の悪口は消えていくようになりました。母の顔つきも少しずつ穏やかさが出始め、私も快適になり、本当に良かったと思っています。

おそらく家で父の介護を一人で頑張っていたため、疲れも溜まっていたのでしょう。自分の生活が充実していないときは、人にあたりやすくなります。

人の悪口を言っていても、何も始まりません。それより、そのエネルギーを自分の趣味や心地よい空間づくりにおきかえたほうが、何百倍も有意義なはずです。

そしてたくさんおしゃべりした後は、自然と眠くなり、寝る準備をしてからぐっすり眠るのです。

シンプルな流れなのですが、基本をすべて自分の心地よい軸に合わせているので、開放感と共に生活していけます。

結果、充実感にも溢れる毎日を創り出せているのです。改めて「自分が喜ぶ選択」の確実さを感じています。

2 ボーッとする時間

ボーッとしていることは、有意義な時間を満喫している

ボーッとする時間、もっていますか。特に何かを考えるわけでもなく、ただ心と体を休めてあげている状態のことです。

改めて毎日の生活を見てみると、ほとんどこのボーッとしている時間がないことに気づきます。ですから、意識してこの時間を自分につくってあげたいのです。

なぜなら、この無になっているときこそ、色々な閃きが舞い降りてくるのです。

ある選択をしていて、まだ決めかねていることや、実現するのは難しいかなと思っていることへのヒントや答えが、スルスル紐を解くかのように閃いてくるのです。

ですから、ボーッとしていることは、決して無駄な時間を費やしているのではなく、実はとても有意義な時間を満喫していることだと思うようになりました。

日本人は、特に忙しくしていないといけないのではないか、という観念を強く持っている民族なので、ゆっくりした穏やかな時間を意識してつくったほうがよいと思います。

ボーッとした余裕があると、常にゆっくり対応できる

私も以前は、いかに時間をきっちり埋めていくかという感じで予定を立てていたので、何だかいつも時間に追われ閃きなどもほとんど感じることがありませんでした。

忙しい中での結果はそれなりに出ますが、感動や感謝の気持ちが今一つなのです。

これが閃きによって進めていったとき、驚くほど簡単に事が運び、自分はさほど労力を費やさずに結果を出せたりします。

まさに感動、感謝の嵐です。

そして、ボーッとした余裕があると、何が起こっても常にゆっくり対応できるので、丁寧に進められる結果、適切な判断ができます。

これがまた自分の自信へと繋がり「何が起こっても大丈夫」という強さになります。

そして地に足がついた、本来の自分を演出していけるのです。

緩む時間をたくさん取り入れ、自然体でいることを優先させる

まずは、生活の中に緩む時間をたくさん取り入れ、自分を解放し自然体でいることを優先させてあげましょう。

仕事中だから、育児中だから、～している時期は我慢してという状態はかえってマイナスのこと

につながったりするので、そういう観念は外していったほうがいいと思います。

何をしていてもどんなときも、まず自分を喜ばせてあげることが、結局はすべてをまるく幸せにしていきます。

何かの能率や効率を試行錯誤する前に、まず気持ち良い場所や好きな状態でボーッとしてみてください。

すると、あれっという感じで心地よくなり事がスムーズに自然と良い方向へ運び出したりするのです。

きっと無になってボーっとしているときというのは、忙しくしているときと違う部分が活動し、それがキャッチしたものを閃きとして感じているのだと思います。ですから、ある意味、無になっているときとは、無ではなく有であり、さらなる満かもしれないのです。

私も一日に何度かは、部屋のソファーにゆったり腰かけ、窓から見える青空を眺めたりして、ボーっとする時間を自分に与えています。ほんの5分でも、この余裕があるのとないのとでは、全然気持ちが違うのです。体もこの一瞬で驚くほどリフレッシュします。

心や体を引き締めることも、時には大切です。そして締めたら緩むこともまた大切なのです。このバランスが上手くとれていたら最高です。

このボーっとする時間、ぜひ上手に活用してみてください。

3 体をきれいに保つ

きれいに保ちたい腸

体を清潔にしておくことは、衛生上とても大切なことです。
髪の毛やお肌を磨くことは、美しくなりたい女性にとって当たり前のことで、欠かせない日課です。

体をきれいに、というと、私たちは表面ばかりを意識してしまいがちですが、それに加えてもう一つきれいに保ちたいところがあります。それは腸です。

腸は体の臓器の中で一番神経細胞が発達しているらしく、「第二の脳」と言われるほど、かなり優秀な独自の判断能力を持っているそうです。

確かに納得できます。腸は体の裏番長的存在なのです。

私たちのエネルギー源である食事は、すべてこの腸に反映されていきます。

ですから、食材を選ぶとき、メニューを決めるとき、腸に問いかけてみると腸自身が反応して、今一番自分に合った食事を正確に選ばせてくれるようになっているのです。

今までですと、目で見て「美味しそう」と脳が判断したものをそのまま選んで食べていましたが、私は、この知識を得てから腸に聞くことが当たり前となり、習慣になっています。

体に良い変化が起こり始めた

おかげで見る見るうちに、体に良い変化が起こり始めました。

まず、常に胃は軽くなり消化もスムーズになりました。そしてお肌のかさつきがなくなり、トラブル知らずです。

さらに嬉しいのは、体重が軽くなったことです。もちろん、便秘や下痢などまったくありません。

何より体がクリアーになった感じで爽快なのです。

腸が喜ぶものを食べていると、こんなに体も嬉しい反応をみせてくれて、心まで晴れやかになるなんて。

私には「目から鱗が落ちる」経験です。これからも、ずっと続けていく楽しい習慣になるでしょう。

ぜひ、みなさんもご自身の腸を大切に思い、耳を傾けてください。

体に新しい変化が出てくると、楽しくなりこれこそ「体をきれいに保つ」ことなのではないかなと思うのです。

4 本当の自分と本来の嗜好

実家で両親と一緒に暮らすようになったことがきっかけ

私が何事に対しても、プラスの面を見て、そこからチャンスを見出し、拡大させていくようになってからは、本当に目の前はいつも虹色で、起こることすべてがキラキラしています。

これは、本来の自分に戻ったからなのです。嬉しい限りです。私も以前はこのような気持ちとは程遠いものでした。

それが、がらりと変わったのは、実家で両親と一緒に暮らすようになったことがきっかけです。

実は、父が右半身マヒとなり、杖での生活になって、母も付きっきりになり、最初はとても大変そうでした。

その後、二人三脚の生活を仲良くそれなりにしている様子でしたが、やはり娘の私としては、近くにいて過ごしたい気持ちがありました。

しかし、今の家族たちのことを考えると、なかなか現状を変えられず、どこかいつもモヤモヤした気持ちを抱え込んでいました。

そんな中、長男の高校受験が無事終わったのを機に、思い切って両親と共に暮らすことを決意しました。私がそのとき、本当に心の底から両親のもとに帰りたかったからです。私にとって勇気のいる大きな決断でした。今、両親のもとに来れてやっと、ホッとしています。お互いに安心感で親子愛が溢れています。充実してきた毎日にいつも感謝し、協力してくれた周りの人たちにも「ありがとうございます」という気持ちを常に贈っています。

食べ物の好みが大きく変わった

さらに大きく変化したことがあります。それは、食べ物の好みが大きく変わったのです。両親のメニューに影響されたこともありますが、とにかく野菜、とくに温野菜が大好きになり、胡麻和え・おひたし・酢の物・煮物などは毎日食卓に並びます。すべてシンプルな味付けにしているので、量もたっぷりいただくことができます。そこに家庭菜園のフレッシュ野菜も加わり、いつも最高の食事です。

野菜をたっぷり取り入れていると、体調もとても良く、体の中はいつもスッキリしています。そして体にビタミンが溢れている感じで、最高に気持ちが良いのです。甘いものや、果物も適量を好きなときにいただきます。お肉やお魚も、食べたいときにはしっかり食べます。

食べたいものは体が欲しがっている栄養素だと思うので、素直な体の声に従うようにしています。

嗜好が整うことで、食にもハリが出て、今までよりも、もっと自分を大切にしたくなり、食材選びにも、大きな興味が湧きはじめました。

自分に余裕が生まれる

最近では、「お取り寄せ」も楽しみの一つです。

日本各地からおくっていただく商品を心待ちにしウキウキするのです。それは最高のおいしさと安心感を運んでやってくるのです。

美味しいものを喜んで大切にいただく。シンプルなことですが、楽しみ方は無限大です。

そして改めて日本食の素晴らしさを実感しています。和のお惣菜は体に無理なくスーッと入ってきます。消化もとてもスムーズで胃腸に負担がかかりません。

すると、気持ちも穏やかになり、性格も優しくなります。そして、自分に余裕が生まれます。心が軽くなると、体も軽くなりだんだん嗜好が変わっていくのがわかります。無駄な脂肪も落ち、体調も整い、嬉しいことだらけです。本来の自分になると、素晴らしい循環が始まるのです。

自然の素材を薄味にし、本来の味を大切にしていただくこと。こうして愛情の詰まった美味しい食べ物によって、人と自然が密接に繋がっていることを体で実感できるようになると、さらに感謝の気持ちが湧いてくるのです。

5 体調を崩したときは

心が素直になっていない状態が、体にも伝わっていく

日々、私たちは自分の創ってきた生活パターンを当たり前のように過ごしています。そこに楽しみがある・ないにかかわらず、同じことを同じように繰り返し、淡々と日々を送られている方も多いのでは、と思います。

楽しくないことを続けていたり、無理しながら頑張り過ぎていたりという状況は、惰性の流れになっていて、好ましくない状態です。

このような状態を続けていくと、心と体に負担がかかり続け、結局病気という形になり、体調のコントロールが自分では難しくなってしまいます。

体は、正直です。心が素直になっていない状態が、体にも伝わっていくのです。

心と体を切り離すことは、絶対にできません。

心の状態が、まさに体に表れていきます。ですから、複雑なことは何もなく、体調の変化を見て誰でも自分の心を知ることができます。

気づきのチャンスに出会えるとき

この体調を崩したときこそ、気づきのチャンスに出会えるときです。

そして、新しいエッセンスを自分に取り入れ、惰性で過ごしていた日々を改善して、居心地の良い生活への見直しがたくさんできるタイミングのときなのです。

体を休めながら、まず体調を崩しだした生活の中で、何となく抵抗を感じていたもの、嫌だなと思ってはいても惰性で続けていたこと、義務感からやっていたことなどを思い起こしていくと、色々出てくるのです。

心の底ではわかっているのに、現状はやっぱり変えられない、と自分で思い込んでいるのですね。しかし、これらは勝手な思い込みに過ぎません。

本当は現状を自由に選べるし、変えていくことも可能です。ですから、この思い込みはサッパリ自分から外してしまいましょう。

無理していませんか

私も、自分に正直にならず無理した生活を続け、体調を崩し入院したことがあります。

まず主治医の先生から「無理してませんか」と言われました。そのときは、「えっ!」と思っただけで何も答えられなかったのですが、入院中ふと思い起こすと、人に合わせ過ぎている自分の姿が鮮明に見えてきたのです。そして新しい世界へ挑戦していきたい自分を押え込み、何も行動していなかったことをはっきり感じることができたのです。

このときは、ただ気づいただけで、それを変えよう、と思うところまではいきませんでしたが、今でも強く印象に残っています。

そして入院中、かなり経験を積まれた看護師さんが、同室だった患者さんに語りかけていた、とても私に響いた言葉があります。

その患者さんは、退院日も決まり喜んでいると思いきや、日々ケアしてくれた看護師さんには本音が出たのでしょう。

「もう少し、ここでゆっくり休めたらうれしいのになあ」と。

もう少し楽に過ごしたい気持ち

家では、子供夫婦と同居していて朝食づくりは日課で、その他のことも色々引き受けてやってしまうようで、本心はもう少し楽に過ごしたい気持ちなのです。

看護師さんは言いました。

「（そのころが、6月初旬だったので）衣替えがあるでしょ。それと同じで、生活替えも必要なのよ。こうして病気をしたってことは、何かパターンを変えなければいけないときなの。家族にもそれをちゃんと伝えてね。朝の食事だって土日だけは男の人たちに頼むこともできるでしょ。男が料理しちゃいけないなんてことないのよ。あとは、ゆっくり休むこと。ちゃんと自分に時間をつくってあげないと」

素晴らしい言葉を、私もカーテン越しにたくさんいただき、なんだか気持ちもスッキリしてとても感動しました。

その患者さんも、「そうよね。そうよね」と自分を認めてあげている様子で、聞き入っていました。

我慢しなくていい

自分の体は宝物です。自分で大切に守っていきましょう。

ですから体調を崩したときは、この際思い切って、嫌だったことを続けてきた自分とサヨナラし、新しい自分を見つけていく本来の姿になっていきましょう。

もう我慢しなくていいのです。

やりたいこと、一緒にいたい人、暮らしたい場所など本当の気持ちで自由に選べば、明るく喜び溢れる生活を創り上げていけるのです。

何かを変化させるときは、勇気がいると思いますが、体調を崩すほどまでになった場合は、とにかく変えなければ絶対にダメです。またもとの生活をそのまま続けたら、繰り返すだけです。

生活パターンは、自分でまた新しく創り変えてもいける

すべては自分が創ってしまった生活パターンです。ということは、自分でまた新しく創り変えてもいけるのです。

どうして無理な生活パターンをつくってしまったのかを考えたとき、ふと思ったことがあります。それは「良い人と思われたい」という意識がとても強かったことが見えてきました。

私たちは小さいときから、テストの点数評価、足並みそろえた集団生活、必要以上の規則の中で教育を受けてきたため、それを絶対の基準とし、できる子・できない子で分けられてきました。

それが大人になってもしぶとくまとわりつき、他人からの評価に基準を合わせ、自分の意志にふたをし装っていたのです。誰かから強制されたわけでもないのに、勝手に自分で自分をせき立てていたことに気が付いたとき、ようやく何か固い殻が外れたように思いました。

これからは、誰かの評価に合わせるのではなく、自分の意志に自信を持ち前へ進んでいく強さが生まれています。

どんなときでも、自分の気持ちを大切にして進んでいれば、自然の流れが最高のタイミングですべてを整えてくれます。

そして本来の自分を取り戻したとき、環境もがらりと変わって快適になり、健康な体でまた楽しく過ごしていけるのです。

6 自分色に染めていく〝幸せ発動機〟

思いついたことを、好きなように行動していけばいい

ふと予期していなかった状況が舞い降りてきたり、慣れ親しんでない環境にポーンと入らなければならないときなど、誰にでもある経験です。

私がそのような状況に立ったときには、まずアタフタせずズームをひいて見るようにしています。

そして、現状を眺めるようにして、まず心を整えます。

さらに「自分がこの状況で何をどのようにしていけば少しは楽しくなるかな、やる気が湧くかな」と思い付きのまま心に浮かばせてみます。

それが、たとえ小さなことでも光の糸になるので大切に見つけていくのです。

すると、次第に前向きな気持ちになってきます。少しかもしれませんが、ワクワクしてきたりもします。

そうなれば、もう大丈夫。そこで思いついたことを、好きなように行動していけばいいのです。

自分の世界をそこから広げていくうちに、状況は自分色に染まりだし、心地よい空間になってい

きます。

心地よい友だちのつくり方

私は、子供が幼稚園に通おうとしていたころ流行り出した「ママ友」という言葉に、何か抵抗を感じていました。ママ友とランチとか、ママ友と買い物、というような型があることに、なんだか違和感を覚えたのです。

友だちは自然にできていくのが一番で、それが無理のない心地よい友だちのつくり方だと思っていました。

ママ友と掲示されてしまうと、ママ友をつくらなければ、という勝手な義務感が生まれ、なんだか抵抗を感じていたのです。

そんな中、幼稚園ママがスタートしママ同士のお付き合いも始まりました。色々なママたちがいて、様々な経験をさせていただきました。

しかし、この長男の通った幼稚園時代は、私の中が固かったせいか、どこか義務感を感じながらのあまり楽しくないママ生活でした。

私の周りのママたちも、なんだか重い感じで過ごしていました。これは、私が本来の自分を無視し、どこか消化しきれていない感情を持っていたからだと思います。

幼稚園選びも、引っ越してきてすぐに入園時期だったため見学もせず、パンフレットと人の噂だけで決めてしまいました。これでは、良い結果に繋がらないですよね。

幼稚園でも、それぞれに個性と方針がある

そして、次男の幼稚園は、思い切って変えることにしてみました。今度は自分の感覚を大切にして選んでみたくなり、次男とお散歩をする感じで楽しみながら色々な幼稚園を見学しました。

幼稚園はどこも同じような感じだろうと思っていましたが、それは大間違い。

表面は同じ幼稚園でも、それぞれに個性と方針があり、アピールしているものが違います。きちんと自分の感覚に耳を澄ましていくと自分の中に響くものがあるものには、相性の良さをはっきり感じられるのです。

そうしていく中で、私が一番「ほっとできて心地よい」とってもかわいい幼稚園が、一つ見つかったのです。そのとき、本当に嬉しくなりました。

園長先生の園児を見守る眼

そちらの園長先生は、人情味のある素敵な女性の方で全く気取ることなく、幼稚園の中を言葉数は少ないのですが、丁寧に案内してくださいました。園長先生の園児を見守る眼には、落ち着き感

があり、それを見ている私まで段々落ち着いたのを、今でもはっきり覚えています。

そして案内されていくうちに、この園長先生が守られているのであれば、次男もそして私も共に成長させてもらえる安心感に包まれた幼稚園に違いないと直感で感じたのです。

さあ、今度は直感を信じます。この園長先生のいる幼稚園に決定です。自分にGOサインを出しました。

いざ、入園してみると、長男のときよりもママたちの出番が多く、最初はちょっぴり驚きました。けれども直感を信じて選んだことに自信を持ち「この状況を楽しくしていくには、どうしたらいいのかなあ」と入園したてのころは、いつもアイデアを巡らせていました。

ママたちの交流会

そんな中、ある日ママたちの交流会がありました。

次男のときは楽しい気持ちですべてに参加したいと思っていたので、この交流会をエンジョイするにはどうしたらいいのかな、と考えた末、私が当時家でよく焼いていたクッキーやマフィンを持っていくことにしたのです。

お菓子を焼いているときは真剣でしたが、ラッピングの段階ではすでにワクワクし始めていました。みんなの喜んで食べている様子が目に浮かんだからです。

少し緊張しながら持っていき、お菓子を広げると、ワーッと歓声が上がり、私の想像以上にとても嬉しそうな笑顔で目じりを下げて食べてくれたのです。

そのとき、本当に心の底から嬉しかったです。みんなの笑顔が、私を幸せいっぱいにしてくれました。

自分の心地よさを広げていく

親子で通う3年間、できることで、できる範囲かもしれないけれど、好きなことは大いに楽しんで、そして表現していく。それがシンプルで最高の方法なのだと、ここから確信できるようになっていったのです。その後、本当に幼稚園ママ生活3年間は、楽しさの連続で、良い思い出をたくさんつくることができました。この幼稚園に本当に心から感謝しています。

さらに私なりのママ友も自然な形でたくさんでき、やっとこの言葉を受け入れることができました。自分色に染めていく、自分の心地よさを広げていく、そんな作業が自由にできるのであれば、どんどんやっていこうと思います。

自分が〝幸せ発動機〟になるのです。

私がこれから様々な状況に置かれたとしても、この幸せ発動機を作動させて、周りを自分色に染め、ハートを贈り温めていくつもりです。すべては、楽しむための私の人生ですから。

すべてのシチュエーションはハッピーへの原石

人生の中に無駄なことは一つもありません。すべてがそのとき、自分に必要であったからこそ起こったのです。そこで経験したことは、必ず次のステップに繋がっているはずです。

そう考えれば、どのような状況が来ても何も恐れることはないのです。それをプラスのチャンスととらえ、どのようにアレンジして自分色に染めていくか、楽しむ感覚でいればよいだけです。

何かを大きな問題や、重い課題ととらえてしまうのは、単なる考え方の癖で、無意識にそういう考え方を本人が敢えて好んでいるだけです。

初めてのことに臨むとき、予想していなかった状況に立たされたときこそ、実はハッピーな前触れがやってきたと喜んでいいのです。それは、あなたの大きな夢を実現していくために与えられた踏み台です。ですから、跳び箱を飛ぶときのように、気持ちを一つにして大きく腕を振り、挑戦していきましょう。必ずその先には、飛躍した自分がいるはずです。

どんな状況においても、自分の本当の気持ちで、ただ自分色に染めていけばよいだけです。シンプルに対処すればよいのです。

人生の楽しさは、これが原点だと思っています。そう思えば、すべての出来事が楽しむために用意された原石であると確信でき、喜びの中で対応できるのです。

わが想いを形にしていく〝幸せ発動機〟、大いに作動させていきましょう。

CA（客室乗務員）と私
――仕事は生活スタイルの一部

1 CA(客室乗務員)へ繋がる道

CA(客室乗務員)を目指すきっかけ

私は中学3年生のとき、神奈川県から千葉県へ引っ越しをしました。千葉県に来てまだ右も左もわからない中学校で、最初に声をかけてきてくれた友だちが、その後、CA(客室乗務員)を目指していくきっかけの一つとなり、また色々な刺激を与えてくれたことに今でも感謝しています。

その友だちは当時、洋楽が大好きで特にイギリスの洋楽が好みで、私にもカセットテープに録音し音楽の良さをいつも語ってくれました。そのうちに私も世界へ意識を広げだし、音楽情報を通しながら外国を身近に感じるようになりました。

また友だちはイギリスに住む女の子と当時文通をしていて、楽しい情報交換をしていました。そして私にも文通を勧めてくれて、文通相手と同じイギリスのスコットランドに住む女の子を紹介してくれました。

私もここから英語に興味を持ち始め、楽しい情報交換を始めることになりました。

イギリスに住む女の子と文通

海外の人と交流するのは生まれて初めての体験でしたので、もうドキドキワクワクです。一番初めに手紙を書いたときの様子は、今でもはっきり覚えています。

まず、日本語で自己紹介と日本の位置や文化の紹介などを書き、辞書を片手に英訳していきました。高校の受験勉強の何十倍もウキウキして英語に触れている自分がそこにありました。

自分の英語で本当に通じるかな、この手紙本当にイギリスまで渡るのかな等、色々な思いを巡らせて一生懸命書きました。

そして手紙を出して2週間ほどたったころ、楽しみにしていた返事が届きました。もう飛び上がりたいほど嬉しくて、また辞書を片手に何度も読み返し、スコットランドが私の中でとても身近になっているのを感じました。

「CAの英会話」という本に出会う

それから、英語に対する興味がふつふつと湧き始め、学校の授業だけでなく日常生活からも英語に触れる機会をどんどん増やしていきました。

高校に入り、英語への興味は続いていましたが、本格的に英語と向き合うようになったのは3年生のときです。ある日、大学受験用のテキストを高校で仲良くなった友だちと買いに行きました。

その友だちが購入しようとしていたのは、「ＣＡの英会話」という本でした。中には実際の機内での英会話が勉強できるようになっていて、楽しそうに仕事をするＣＡ（客室乗務員）の写真もたくさん載っていました。

私もこの本を購入し、机の本棚に並べ勉強の合間によく眺めていました。そしてこの本の影響で初めてＣＡ（客室乗務員）という仕事を意識し、憧れをいだくようになりました。

これがＣＡ（客室乗務員）へ向かう道になっていったのかな、と思っています。

人生に大きな影響を与えてくれた親友たち

私の人生に大きな影響を与えてくれた親友たち。英語への興味や、ＣＡ（客室乗務員）への憧れのきっかけをつくってくれたことに今でも感謝しています。

その後、中学の友だちは大手企業のキャリアウーマン、高校の友だちは海外での赴任生活など、それぞれ華やかな経験をしているようです。

改めて自分は人との繋がりの中で形成されていることを感じます。

そう考えると、地球、さらに広がる宇宙と自分はいつも繋がっていて、すべてが自分なのではないかな、とも思えてきます。これからも力むことなく心に響くものを受け取り、前へ進んで歩んでいきたいと思います。

2 自分のことを大好きになる

何歳になっても褒められたら嬉しい

誰かから褒められるというのは、とても嬉しいことです。照れながらも、心が弾みます。私も褒められたときは、素直に嬉しいです。ですから、そんなときは大きな声で「ありがとうございます」と笑顔で言うようにしています。

相手が自分のある部分や様子に興味を持ち、感心してくれたことへの感謝の気持ちです。そして「ありがとうございます」と言われた相手も、嬉しそうにしている私を見て気持ち良くなれると思うのです。

人は何歳になっても褒められたら嬉しいものです。そして褒められるたびにどんどん輝きをまし、それが自分の魅力になっていくのです。ですから、褒めてくれる人は、自分にとってありがたい存在なのです。

私はよく人から「雰囲気が柔らかいね」とか「話をしているとゆったりした気分になる」と言われることが多いので、そんな自分には人を癒せる力があるのかな、と思うようになりました。

すると、さらに発展して私は人を癒す役割が合っているのかも、そんな力を生かせる場所を創りたい、など夢が広がり出すのです。

あなたの笑顔はとても素敵だから

ですから、相手が褒めてくれたことの中には、たくさんの自分への喜びのヒントが宝のようにちりばめられているので、大切に受け止めるようにします。

私がCA（客室乗務員）の仕事についたばかりの新人のころ、機内で先輩の流れにうまくついていけず、もたもたしていることがありました。

そんな中、ある先輩がさらりと「あなたの笑顔はとても素敵だから、とにかく笑ってお客様を安心させてあげなさい」と言ってくれたのです。

サービス業務のほうばかりに意識が傾いていて、険しい表情になり、お客様への心持ちが薄くなっていたことを瞬時に指摘してくれたのです。

このとき嬉しかったのは、「私の笑顔は素敵だから」という言葉でした。仕事はまだまだ未熟だけれども、笑顔は一人前かもしれない。それからは、自信を持ってどんどん笑顔を振りまくようになりました。

そして、あれから20年以上過ぎた今でも、私は常に笑顔を心掛けています。私のアピールポイントですからね。

自分の魅力をいつも心に大切にしておくと、自分のことが大好きになる

このように、自分の魅力をいつも心に大切にしておくと、自分のことが大好きになります。そして、余裕を常に心掛け無理なことや抵抗することは、自分に与えないでください。

何かをできる自分とできない自分がいるのは、当たり前のことです。できないところも魅力なのです。自分ができないところは、できる人がやってくれます。

まずは、ありのままの自分を大好きになってください。

森の木々の緑色が少しずつ違うように、鳥の美しいさえずりも数えきれないくらいあるように、私たち人間も性格や外見、考え方にはそれぞれ個性があり全く同じ人など一人もいません。貴重な私なのです。

自分を大好きになると、本当に輝いてくるのがわかります。

また、よく長所と短所という言葉がありますが、これは人の個性を単なる枠組にあてはめただけです。ですから、見方を変えただけで、すべて長所になるのです。

例えば、短所が「恥ずかしがりや」だとしても、言い方によっては「奥ゆかしい」ととらえることもできるのです。ですから、自分のすべてが魅力なのだと認めてあげてくださいね。

3 生き方の選択

CA（客室乗務員）そして司会の仕事

短大・大学を卒業し、夢いっぱいの可能性を胸に私たちは入社しました。会社のすべてが新鮮で魅力的で新人CA（客室乗務員）たちもハツラツとしています。

そんなスタートラインを同じにした同期たち。

今あのころから20年以上時が経ち、今ではそれぞれ全く違う生活を選択し色々な価値ある人生をみんな歩んでいます。

本当にたくさんの選択があり、同じ人は誰一人としていません。

私たち同期は20名です。そのうちの4名が今なおCA（客室乗務員）として勤務しています。

早くも管理職に昇格し男性部長たちと肩を並べている人、チーフパーサーとなり現場の最高責任者として乗務している人、子育てをしながらも現役CAを貫いている人、様々です。

退職した仲間たちも、子供をたくさん授かり育児を楽しんでいる人、海外生活をしている人、有名人と結婚した人など本当に様々です。

自分の正直な選択が一番自分にとっては正しい

私も4年間、会社に在籍し海外を飛んだ後、プロの司会者養成学校に通い、司会の仕事をしました。並行してCA養成学校の講師も務め、忙しい中にも充実感はありました。

その後、結婚・育児をしながら日本各地を転勤でまわり、現在にいたります。

女性は男性と比べて、非常に人生における選択肢が多いと思います。まず結婚して仕事を続けるか、そして子供を産むか、産んでからも働くか、夫の仕事とのバランスや子育ての後の歩み方など変化を伴うことばかりです。

でも、考え方によっては、幅がある分チャンスも多く、ある意味楽しい自分なりの生活を築いて行きやすいかもしれません。

誰の生き方が正しいということはありません。

自分の正直な選択が一番自分にとっては正しいのです。自分の思いを大切に守り勇気をもって実現していきましょう。

その先には必ず幸せが待っています。

同じスタートラインから羽ばたいた同期たち。みんな前向きで行動力もある頼もしい仲間たちです。きっとこれからも充実感ある人生を創造していくでしょう。

そしてまた再び顔を合わせ、お互いの歩んできた道を楽しく語り合えたら嬉しいな、と思います。

4 CA（客室乗務員）を経験して

私の大切な財産

雲の上の空は、ただ青い綺麗な空間が広がっていて、そこには輝く太陽の光が降り注ぎ穏やかで優しい流れが漂いとても神秘的です。

そして国境もなく税関もありません。地上から1万メートルの成層圏は地球が生まれたときのまま存在しているかのように美しく偉大です。

その中を飛行して人と人を繋ぐお手伝いができたことに心から感謝しています。

CA（客室乗務員）を経験したのは数年間でしたが、世界中を巡りその土地と住んでいる人々の素晴らしさを肌で感じることができたことは、私の大切な財産となり今の私にたくさんの影響を与えてくれています。

大きな価値観を築く

それぞれの土地で、心に響くものと出会い、今でも忘れられないものは山のようにあり、それを味わえたことはとても幸せです。

ニューヨークの本場で見たミュージカル、タイで毎回お土産にしていたランの花、フランスの芸術的な街並み、シュノーケルや乗馬を楽しんだグレートバリアリーフ、年末、紅白歌合戦を衛星放送で観たブラジル、1か月の間に3回以上は行っていたハワイ、行くといつもお腹の調子が今一つになるドイツ、大好きな食器の工場でセカンド（アウトレット）をたくさん購入したデンマークなど、心に生き続け、今も私の中で輝いている楽しかった思い出は宝物です。

そして世界を実際に肌で感じ、その視点から自分の住んでいる日本を見られたことは、その後の私に大きな価値観を築いてくれました。

日本は素晴らしい国です。奥ゆかしく、勤勉で、節度があり、どこへ行っても快適に過ごせます。その反面、真面目すぎて固いイメージも強く持ちました。もう少し生活にゆとりと遊びが欲しいなと思います。

一期一会の大切さを学ぶ

またＣＡ（客室乗務員）としてお客様を相手にサービス業務をしたことで、たくさんの人々と触れ合い一期一会の貴重な大切さも学びました。

お客様は、色々な目的と様々な思いを込めて搭乗されています。旅行者ばかりではありません。

ですから、一人ひとりのその大切な思いをそっと包み込むような誠心誠意のあるサービスがCA（客室乗務員）には必要となります。

同じお客様でも、サービスのやり方は無限に広がっています。そこがサービス業務の楽しさでもあり醍醐味なのです。出会う相手を一期一会と思い、大切にするという精神はCA（客室乗務員）を通し養えたと思っています。

そして女性の特質を存分に生かし、身だしなみ、立ち居振る舞い、語学力なども磨くことができ、本当に良かったと思います。

当時は、ライフスタイルのすべてがCA（客室乗務員）に染まっていました。

仕事を通し、日常の自分がどんどん磨かれ輝いていくのが実感としてわかるのです。ですから、仕事と日常が相乗効果で楽しく、とても充実していた日々でした。

このように、仕事がライフスタイルでしたが、私にとってはこのスタンスがとても心地よく、ストレスも感じないバランスのとれた状態でした。

仕事をライフスタイルにしてしまうと、シンプルで楽に臨めます。

そして、憧れの制服を身にまとうと、自然とお客様を守る使命感も生まれ気合が入ります。

CA（客室乗務員）は女性ならではの素晴らしい仕事です。これからの航空業界を応援するとともに、素敵なCA（客室乗務員）がたくさん誕生することを期待しています。

子育てはハッピーライフ
―子供は最高の仲間

1 愛・子供たち・女性として生まれて

心の底から感謝し幸せを感じられたこと

私が女性として生まれ、今までの人生で本当に心の底から感謝し幸せを感じられたことと言えば、子供を産み共に成長していけたことです。

子供が思春期になるころまでは、思う存分いつも一緒に過ごし、いろいろな出来事を通じて様々な楽しい思い出をつくりました。

子供を妊娠し、今まで味わったことのない体の神秘を次々と感じ、出産という貴重な体験ができたことは、私にとって最大の喜びです。

出産してからは、自分の体の神秘を感じる暇もなく、子供の成長に一生懸命の日々となりました。

無償の愛

とにかくすべてが、かわいくてかわいくて「無償の愛とは正にこのことだわ!」という気持ちで、日々幸せに溢れていました。

気持ちは常に満ち足りた状態です。本当に初めて味わった幸せ感です。

そして「今、子供に与えるべきものは何だろう」という問いかけをいつも自分にして、最善の方法を追いかけていました。

心から女性として生まれ、子供を産めて良かったと感謝する日々でした。

長男には完全布おむつ、毎朝の寒風まさつ、朝、昼、夕のお散歩、等々。良いなと思ったことは、どんどんやってみて、充実した時間を創り出すことに喜びを感じていました。

体力をかなり使っているのでしょうが、心が充実していたためか、この時期は本当にエネルギッシュな毎日を送っていました。

雪国生活初心者

次男を出産したとき住んでいた場所は、北海道の札幌。引っ越してきてすぐのことです。札幌はとても素敵な街で魅力はいっぱいです。

しかし、雪の中での子育ては全く慣れていません。というか、雪国生活初心者です。最初はどうなることやらと思いました。

慣れないなりに生活をしていくうちに、「どんな状況、環境であれ何とかなるんだな」と感じ、素晴らしい雪景色と共に、楽しい生活が送れました。

二人の子育てで、さらに大変になるのかと予想していましたが、実際二人いることで調和がとれ、子育てがさらに楽しく充実し始めました。

「できるときにできる範囲で無理なくやろう」がこのころの私のテーマになり、長男だけのときとは、だいぶ変化していました。

雪の中では、毎日何回もお散歩にいけないし、お買い物も吹雪では出れません。そんなときは、と色々調べてみると、心強いサービスがあるのですね。そのサービスを利用したりして、家の中でも快適に過ごすということを学びました。

子育て法も子供たちがコントロールしていた

そして、ゆったりしていても子供は確実に成長していくことを、経験の中で実感しました。

子供たちも、同じ私から生まれましたが、それぞれに個性があり育てていてとても興味深いものがありました。長男と次男とでは、全く違った心持ちで育てたように思います。

子育てする環境を、それぞれが決めて私の子育て法も子供たちがコントロールしていたのかもしれません。

そんな子供たちも思春期に入り、それぞれの意志や主張もはっきり言うようになり、頼もしくなってきました。

私と言えば、まだヨチヨチ歩きが目に浮かぶ二人と生活している感覚です。ですから、まだまだ「母親の権力」丸出し状態でいるのです。当然、ぶつかり合います。

わかっている自分もいるのですが、いつしか習慣となり母だから譲れない、という強引なこだわりを持ち続けていたのです。でも長男とぶつかっていくうちに、ようやく気づき始めました。

彼らは、もう自分の判断で行動していけるのです。私を拒否する態度は、そういう力が備わった合図だったのです。

はっきり気づくのに少し時間はかかりましたが、子供は確実に成長し、ずっと私に合図を送っていたのです。

そして、かわいい程度ではありましたが、長男の反抗期も自然と消え、今では友だちような関係で、楽に何でも話をしています。

私も母という過剰な意識の鎧を脱いで、素でいられる快適さを味わい、とても楽になりました。

私と長男のやりとりを見ていた次男は、どう思っているのでしょうか。どんな反抗期がやってくるのか、これから楽しみです。

こうして子供たちからたくさんの経験と学びをいただいて、私も本当に成長していけます。悪いこと、恐れることなんて元々ないのです。

反抗期は親と子供の飛躍のチャンスなのですね。

自由がすべてを幸せにする

これからは、きっと子供たちも自分の意志でたくさんの選択をしていき、自由にのびのびと楽しい世界を創っていくことでしょう。

彼らが各自、笑顔でいれば、私も同じように自由に自分の道を進んでいくだけです。フリーダムです。

実は、人は生まれた瞬間から自由を求め、自由でいる大切さをすでに理解しているのだろうと思います。

赤ちゃんのころは、みんな自由に泣いて、笑って、眠って、遊んで、甘えて、そしてその姿に周りは癒され、幸せ感にひたることができます。

自由がすべてを幸せにすることを知っているのですね。

私に光を与えてくれ、これからも私の光となり輝いていく子供たち。

あなたたちを産めた喜びは宇宙にまで広がっているかのようです。そして私の心の中を、いつでも明るく照らし続けてくれています。

今、私は女性として生まれてきたことに感謝し、これからの自分を大切に育んでいきたいと思っています。

2 お母さんが素直に生き生きと〝Going my way〟

自分の感覚を信じて素直に子育てしたほうが楽

誰もが子供を産むと同時にお母さんになります。新しいお母さん誕生です。

初めての出産後は新しいことばかりと寝不足などが重なって、無我夢中の毎日です。

そして産まれたばかりの子供も同じです。お母さんのお腹から出てきて、新しい刺激をたくさん感じています。

ですから、母と子、しっかり抱きしめ合って、お互い安心感を受け合ってください。

私は、子供を抱っこすることで自分がとても落ち着きホッとできたので、一日のほとんどは抱いてばかりいました。「抱き癖が〜」という方もいましたが、全く気にせず〝Going my way〟です。

結局、抱き癖など付きませんでしたし、付いたとしても長い目で見たらほんの少しの間だけです。

自分の感覚を信じて素直に子育てしたほうが楽ですし楽しいはずです。

少し疲れたときは、無理せず緩むことも大切です。頑張り過ぎは禁物です。何度か私もこれで失敗しました。

母親が元気でのびのびと

今振り返ってみると、よく頑張っていたけれど無理してやっていたことは結局楽しんでなかったようで、思い出としても薄い感じです。一日のノルマよりも、その時間を子供といかに楽しく笑顔で過ごすかということのほうが、とても大切だったと少し反省しています。

母親が元気でのびのびしていることが、子供にとっても最高の状態なのです。

そして核家族で近くに知り合いなどが少ない場合は、特に意識して外に出てコミュニケーションをとることも大切です。

同じ子育て仲間はとても心強いですし、また年配の子育て大先輩の方たちも、スーパーなどでよく声をかけてくれます。

何気ない会話の中にも、有難いアドバイスがあり、私も元気づけられ晴れやかな気持ちになったことがたくさんあります。

育児中だからといって、制限して我慢するのもよくない

そして育児中だからといって、何かを制限して我慢するのもよくないでしょう。

私は子供と常に一緒にいることが最高の喜びだったので、離れることなくあちらこちら遊びに行きました。

長男を妊娠し育てたところが京都でしたので、素晴らしい場所にたくさん出かけ、歴史を感じながら最高の景色を堪能しました。そして京都の気品ある街並みや人々が大好きになり、子育て中という枠はほとんどつくらず、逆に子供と楽しんで京都を満喫しました。

また、同じ時期に子育てを通し、知り合いになった友だちもたくさんいます。

その仲間たちと何でも話をし、楽しく交流したことで、育児の不安もほとんど感じずにのびのび過ごすことができました。京都での素敵な出会いに、心から感謝しています。

そして時には、自分一人の時間が欲しくなるときもあるでしょう。

私も、思いきり本を読んだりショッピングをしたいな、と思うことがたまにありました。我慢はストレスにつながります。

そんなときは預けられる人や安心できる機関を見つけて、思いっきり羽を伸ばしてください。

要は、自分が生き生きしていればいいわけです。

子供は、お母さんの〝笑顔〟が大好きです。笑顔はすべてを上手く運んでくれます。お母さんが生き生きしていることが、子育ての第一条件です。

難しいことは考えず、明るく楽しい発想で、そして常識にとらわれず「自分らしさ」を優先していきましょう。

「Going my way」です。子育てした女性すべてがあなたを応援し、見守っています！

3 欲しいものは与える

欲しいときに与えるのが母も子供も気分がいい

子供は常に好奇心旺盛です。小さいときは、どこに連れて行っても初めて触れるものばかりなので、なおさら欲しいものも一杯です。

私も子供が嬉しそうにお店で眺めているのを見ると、つい「いいよ」と買ってしまい、おもちゃ箱が日に日に溢れていきました。

しかし、心のどこかで「こんなに買い与えては良くないのではないか」という気持ちもあり、何かルールを決めようと思い始めました。

あるときは「何が何でも買わない」、またあるときは「毎月1回だけ買う」、またあるときは「何か目標を達成したら買う」など色々試してみましたが、親子で心地よく納得し、続く方法が見つかりません。

やっぱり欲しいときに、すんなり買ってあげるのが私も子供もとても気分が良いのです。

無理に子供に我慢させると、家に帰る途中も家に帰ってからもその翌日もずーっと引きずっていて、ストレスになるのです。

私はその不快感がとても嫌だったので、子供たちが本当に心から欲しがっているときは買う、というやり方に開き直り「大切にしてね」の言葉と共に落ち着きました。

そして、暫くはおもちゃを買い与えていましたが、今振り返ってみると、それもほんの少しの間だけだったように思います。

こうしてすんなりおもちゃも卒業していきました。

有効利用をしながら子供に与えられるとよい

今は本人たちも本当に必要なものだけを自分で選択し購入しているようです。あれだけ泣いておもちゃを欲しがったころがうそのようです。

大人から見ればおもちゃはどれも同じに見えますが、子供にとってはその一つひとつがすべて特別で夢の道具なのでしょう。おもちゃを前にしたときのあのキラキラした表情は、まぶしいくらいです。

買ったおもちゃは、しばらくすると確かに部屋の片隅に置かれ大人は「飽きた」ととらえます。しかし、私はそうは思わないのです。

きっと、そのおもちゃの楽しいエッセンスを存分に吸収し自分の中に取り込んだのです。

そのエッセンスは子供の中でまだ生き続けているのです。

私も昔、遊んでいたお人形の家やお料理できるおもちゃは、今は形として残っていませんが、私の中で今もなお生き続けています。

ですから、遊ばなくなったから無駄だったということではないのです。

ただ最近のおもちゃは値も張りますし、最新版がどんどん出て追いつけないので地域の方や親戚の方たちなどで有効利用をしながら子供に与えられるとよいですね。

欲しいものと個性は繋がっている

子供はゆっくりですが、確実にあらゆるものを吸収し、とどまることなく成長しています。子育てにおいては、成果や結果を焦ることなく、ゆったりと見守っていくことが大切なのではないかと思います。

目先の勝ち負けや、点数などの評価などは割とすぐ忘れてしまい気にするほどではありません。

それよりも子供たちが本人の意志で心から欲したもの、やりたくてたまらなかったことのほうが、私には、強い印象として残っています。そして、それが今の子供たちの個性となり輝いている部分でもあるのです。そう思うと、欲しがったものを与えるのは、むしろ個性を引き出す手助けになるのでは、と思うのです。

4 立派なプライド

山あり谷ありの子育ては人間的な成長に繋がっている

子供を育てていくのは、とても楽しい反面、自分の至らなかった面が浮き彫りにされて、大きな反省を必要とされるときもあります。

そのようなときは、しばらくの間、落ち込むこともあります。

山あり谷ありの子育てですが、今振り返ってみると、すべて私の人間的な成長に繋がっていることに気づきます。

その中で印象に強くあるのが、子供のプライドです。

実は子供は自尊心で溢れているのです。それを大切にしてあげることが一番なのに、つい人やある基準と比べ評価してしまい、傷つくような言葉を発してしまったとき、子供はとても固い表情になります。

さらに怒りさえこみあげてきているようで、それをどう処理していいかわからず必死で耐えている様子です。さらに火に油を注ぐような言葉を言ったら完全にアウトです。

私はこのような状況を何回か経験して、結果何も良い方向に進まないことを学びました。そして人と比べた評価は絶対しないようにしました。

誰が基準などという勝手な決めつけは子供には通用しませんし、そんなこと自体根拠がないのです。

子供たちの能力もありのままでよい

人間、できること・できないことはたくさんあります。ですから、子供たちの能力もありのままでよいと思うのです。

以後、私がこのようなゆるい考えでいるので、子供たちもかなりマイペースな感じです。人を気にすることは殆どありません。

むしろ友だちの優れた能力を認め、お互いに得意分野を披露し合いそれを楽しんで共有していく関係を築いていています。

私が早いうちに気づきを得たのは、本当に良かったと思います。

親というだけで、つい権力を出して子供を押さえつけてしまう態度は、気を付けたいところです。

子供は産まれたときから、立派なプライドを持つ偉大な存在です。

子供は〝達成感〟が大好き

そして、子供は〝達成感〟が大好きです。

未知のことに挑戦し、そしてできたとき「ドキドキ」と「ヤッター」を同時に味わい心の底から喜びます。

子供のころは、経験することすべてが初めてです。当然、無意識ですが緊張しているはずです。

私は、どんなに小さなことでも達成したという感覚を育ててあげたかったので、できたときはたくさん褒めてあげました。

褒めてくれる人がいることで、本人のモチベーションもアップし、自信を持って先へ進んでいきます。そうしてドキドキ、ワクワクしながら挑戦していく姿は、母としてもとても喜ばしく、逆にパワーをもらえるのです。

また、子供だからと枠をつくらず、どんどんチャレンジさせていくことも必要ではないかと思います。子供である前に、すでに立派な人間であり、もしかしたら想像以上の素晴らしい才能を秘めていることもあり得ます。伸び伸びしている子供に、制限は通用しないのです。

私はこの達成感をたくさん感じさせてあげてプライドを良い意味で高めてあげたいと思います。

そして、これから無限の可能性にチャレンジしていくときの土台づくりになればいいなと思っています。

5 良いイメージを描いてあげる

心配し過ぎない

子供が小さい時期は、何かと心配がつきものです。

初めての子育ての場合は、なおさらです。

本当は心行くまでわが子の可愛さに見とれていたい気持ちですが、泣き出したらそうはいきません。

欲求が満たされるまで泣き続けたり、風邪で熱が出たり、転んでケガをしたり、日々いろんなことをやってくれます。

母親も新米ママだと、アタフタしてしまい動揺して空回りすることもあるかと思います。

そんなときこそ、まず心配し過ぎないでください。

一呼吸して一旦落ち着いてから、行動をスタートするとだいぶ冷静に対処できるはずです。

そして何かしらの対処を施した後は、必要以上に心配しないで、逆に元気で笑っている子供の表情を思い浮かべてあげてください。

良いイメージをしてあげる習慣

良いほうのイメージを心に描いていくことで、気持ちも楽になりますし実際思っていたよりも早く治るかもしれません。

この良いイメージをしてあげる習慣は、子供たちが大きくなった今でも続けています。

学校へ「いってらっしゃい」のときも、楽しく仲間たちと笑って幸せ顔をしている様子を思い浮かべて、部活動の試合などで少し緊張しているときも、勝ち負けではなく精一杯力の限り挑み満足した姿を、初めてのことに挑戦するときは、立派に成し遂げ自信がついた姿を、という感じで嬉しいイメージをしながら送り出します。

すると私の中から全くと言っていいほど心配することがなくなってしまうのです。

この習慣はとても確率が良いのです。

あなたならできる！

そのイメージの効果なのかはわかりませんが、ほとんどのことは心配と程遠い素晴らしい成果や結果に落ち着いていくのです。

子供は母親と一緒に過ごす時間が長ければ長いほど、ダイレクトに母親の影響を受けます。

子供を良い方向へ導いていくには、まず母親の気持ちを強く明るい状態にして、そこから常にプラスのイメージを発信させていくことが大切だと思っています。

子供はきっとその前向きな心を肌で感じていくはずです。

ですから、私はいつも前向きであることを心掛け、子供の力を信じ、無限の力があることを言い聞かせています。「あなたならできる！　できる！」

子供たちはこの魔法の言葉をすんなり受け入れてくれます。

そう言われた子供たちも、きっと自分ができたときのイメージをしているのでしょう。成功しているイメージは、本人たちを勇気づけ、前に進んでいく大切なパワーとなります。

親としては「まだ無理かな」と思っていることでも、やらせてみるとあっけなくできてしまうことがたくさんあり、子供の力はすごいなと感心させられます。

私の息子たちは、私の留守中に料理をするようになり、炒めもの、丼もの、たこ焼きなどは簡単にこしらえてしまいます。洗い物まで済ませてしまうところが、感動です。彼らには、子供だから、男の子だからという観念がないのです。やればなんでもできると、自信に繋がっています。

また何事も、結果だけを追い求めるのではなく、その時々の過程を楽しむことでさらに可能性は広がり、思っていた以上の幅のある成果につながっていくことも意識させてあげたいと思います。

これから先、子供たちが大人になっても、彼らの充実した人生を私は楽しくイメージし見守っていきたいと思っています。

6 育てる喜び

子育て生活は、私にとって嬉しさの極地

子供は本当に頼もしい存在です。未知のエネルギーを無限に蓄えていて、いざとなるとその力を十分に発揮していきます。

社会からの色々な刷り込みや概念がまだ薄いので、本来のありのままの姿でどんどん表現します。子供たちの素直さから湧き出るエネルギーは、周りをとても快活にしてくれます。

私は28歳のとき、長男を出産しました。

それまでも旅行をしたり、好きな仕事をしたりして楽しい生活を送ってはいましたが、わが子が誕生したとき、これ以上の幸せはどこを探しても見つからないのではないかと思うほど感激し、子孫繁栄の素晴らしさを身をもって体感しました。

そして子育て生活は、私にとって嬉しさの極地で、とにかく幸せ感で毎日が充実していました。

子供が育っていくのと共に、私も人間としての学びがたくさんありました。未熟だった私に色々な経験と気づきを与えてくれた子供たちには、とても感謝しています。

子育ては草花を育てるのと同じ

子育ては草花を育てるのと本当に同じです。

日々、お天気を見て水やりを加減したり、日光がきちんと当たっているか、そして段々成長していくうちに間隔が窮屈になってきたら広い場所に植え替えてあげたり、また成長が芳しくないときは肥料をあげて元気づけたり、幹がしっかり伸びるよう添え木をして支えてあげたり、よその敷地に伸びていく迷惑な枝は早めに処理したり。

毎日のちょっとした手入れとたっぷりの愛情でスクスク成長していくのです。

こうして育てた草花たちは、ほんとに素晴らしい花や実や枝ぶりとなり、喜びを与えてくれます。

自分が信じた方法ならば、それが一番

子育てにおいても、子供たちがしっかり大地に根を張り、頑丈な幹を出し、バランスの取れた枝を付けて、見事な花を咲かせてもらいたい。私はそんなイメージをいつも心に描いています。そして何より大いに楽しみながら育てるのが一番です。

子育て方法は、人それぞれ色々なやり方があります。自分が信じた方法ならば、それが一番です。子供も一人として全く同じ子はいません。一人ひとりの個性を大切にし、その個性の宝を潰さぬように磨きあげ、優しく包んでいってあげたいと思います。

お腹の中で約10か月間、体を共にしたわが子です。そして出産の試練を共に味わい誕生した母と子。今振り返ると、本当に素晴らしい神秘的な体験です。

ですから、母親の愛情と観察力そして勘に勝るものはないのです。堂々と、わが子の母であることに自信を持ってください。

そして何があっても、愛情で「私が守る」という強さを決意していれば、大抵のことは難なく過ぎ去ってしまいます。

中途半端に周りの意見を気にしたり、流されたりしてしまうと自分が溺れてしまいますから、そこは注意が必要です。

子供も、母の毅然とした態度を感じれば、いつも安心していられるでしょう。

動物たちの親子の関係を観ていると、母親の強さを感じることがたくさんあります。たくましい母性は、本能であることをあらためて認識させられます。

そして子供は、守られていることをしっかり感じ取り、精一杯の力を発揮して成長していくのです。

そして、その愛情に包まれたとき、真実の親子愛が完結するのでしょう。

ですから、母親が一番の理解者であり揺るぎない永遠の存在なのです。そして大きく成長し、立派な姿で今度は私たちを包み込んでくれるでしょう。

7 キャンプの勧め

心も体もリフレッシュできる

みなさんはキャンプの経験ありますか。

今はもう行かなくなりましたが、子供たちが小さいころは、過ごしやすい季節になるとよくキャンプへ出かけました。キャンプ場は比較的空いていることが多いので、思い立ったときにすぐ旅行感覚で行けますし何しろ割安です。

しかも子供にとったら、大声ではしゃいでもＯＫですし、親も気を遣わなくて楽なのです。また日頃味わえない大自然の景色と空気をたっぷり満喫できますし、心も体もリフレッシュできます。

この醍醐味にはまり、５・６年間は旅行といえばキャンプというくらいエンジョイしました。

限られた物資の中でいかに有意義に過ごすか

そしてキャンプをして強く感じたことは、電気、ガス、水道の有難味です。キャンプではランタン、ミニガスボンベ、貯蔵タンクがそれぞれの代わりになり活躍します。

限られた量の中でいかに有効に使うか、家族で協力して大切に使います。食器洗いもなるべく水を使わないようにし（汲みに行くのが重いので）、洗剤も自然に害のないものをほんの少し利用します。

キャンプ初心者のころは段取りに手間取ったりし、くたくたになっていましたが、次第に慣れてくると、この限られた物資の中でいかに有意義に過ごせるよう工夫するのが何とも言えない楽しさになってきました。

自然と人間の原点を感じることができる絶好の体験

キャンプには物資の豊かさはありません。しかし、心の豊かさがたくさん溢れているのです。ランタンや焚火の灯りはとても落ち着き安心します。しかも秋口の寒い夜などは焚火が体の芯まで温めてくれて、満天の星空のもと眠りにつけます。

食事づくりもみんなで一緒に行うので、家でもくもくとつくるのと違いとても楽しいのです。テレビもありませんから、会話も増えます。また、ゴミも増やさないよう工夫します。キャンプ初心者のころ、食べた残りをテーブルに置きっぱなしにしていたら早朝に野犬が来て食べていたことがあり少し怖い思いをしたので、それから身を守る大切さも学びました。

キャンプは、子供にとっても大人にとっても、自然と人間の原点を感じることができる絶好の体験です。

家に帰ってからの生活の修正に役立つ

少ない物資の中でそれを大切に有難く利用し、代用できるアイデアも生み出しながら知恵をつけていきます。

こうして日頃の固定観念が良い意味で崩されて、それが新しい新鮮な感覚として心地よく、家に帰ってからの生活の修正に役立つのです。

質素＝地味ではないことを肌で感じられたキャンプ体験。実は「質素＝人間のすべての能力を発揮させ、心を満たしてくれる最高のシチュエーション」だと思うのです。

物を追いかけ過ぎて流されてしまうと、自分がその中に埋もれてしまいます。自分が見えなくなるのです。

これからの私たちの課題は人間の原点を見つめなおすことだと、強く思っています。人々がいつも笑い合い、焦ることなく夢を築いていく。便利さだけでは味わえない心の温かさを優先し、それが許される社会の流れになればどんなに過ごしやすいでしょう。

ぜひ興味のある方は、キャンプにチャレンジしてみてください。素晴らしい発見ができること間違いなしですよ。

明るく輝く未来社会へ向けて

―Change! Chance! Go!

1 人と人との触れ合い

核家族では対処しきれない部分が顕著に表れている

私が育った環境も、子育てした環境もそうであったように、核家族がほとんどの割合を占めている現在。核家族、「このままでいいのかなあ」と思うことが最近多くなりました。

子供を育てていく上でのママたちの負担や、老人介護、その他いろいろなニュースを見るたびに、この核家族では対処しきれない部分が顕著に表れているな、と思うのです。

一人ひとりの余裕のなさが良くない結果に繋がるのでしょう。

しかし、一方で色々な取り組みも進み始め、とても良いアイデアのサービスを聞くと、心から嬉しくなります。

人と人とが触れ合うということは、心と心が触れ合うこと

人は人を求めているのかもしれません。「人と人とが触れ合う」ということは、「心と心が触れ合う」ことなのですから。

人間は誰でも、人に育てられ、人に勇気づけられ、人に導かれ、人に喜ばれ、人に介護されていきます。その流れは皆一緒です。私たちは、喜びの生き物です。

困ったり悩んだりする必要はもともとないのです。楽しむための生活を創り出していいのです。ですから、もし困ったときはバンザイするように体を解放し、もっと誰かに身をゆだねていいのではないかと思います。

すると、どこからともなく手を差し伸べてくれる人が出てくるはずです。まずは自分を解放し、緩めてあげることです。

肌と肌が触れ合うと心が落ち着き安心する

「人と人とが触れ合う」と心が喜びます。さらに、「肌と肌が触れ合う」と心が落ち着き安心します。こんな素敵な対処法を使わないのはもったいないことです。

これからは、この触れ合い場所がたくさん創り出され、核家族からの問題緩和になっていけば良いな、と願っています。

私の父は、2年前暑さの中でのゴルフ練習中に倒れてしまいました。ラッキーなことに、すぐ近くの大きな病院で適切な処置をしていただけたので、今では元気になり普通に生活できるようになりました。

しかし、右半身が少しマヒしているので週3回、介護サービスでリハビリをしています。そこではリハビリ以外にも、お風呂に入ったり、仲間のみなさんと昼食をとったり、カラオケを楽しんだりして、充実して家に帰ってきます。

今まで、そのような集いなど見向きもしない父だったので、私としては毎週通っている父に微笑ましいかわいさを感じてしまいます。

そして父は言うのです。

「デイサービス（介護サービス）に行っている日は時間があっという間に過ぎるなあ。カラオケ、リクエストされたよ。楽しかったよ」と。

倒れる前までは、一人で黙々とゴルフの練習場に通い、それなりに充実しているようではありましたが、やはり心のどかでは少し寂しかったのかもしれません。

今は少しマヒがあるのでゴルフも全くやめてしまいましたが、残念がるどころか逆に今の生活のほうがとても楽しそうなのです。

人との触れ合いには、目に見えないけれども偉大なパワーがあるのだと改めて感じさせられます。

無理せずに正直に表現していけば何かが動き出す

自分が勝手に弱みと思っていても、それは弱みではなく、当たり前のことなのです。みんな、同じ思いを感じているのです。

人と話したりするだけで、だいぶ開放的な気分になれますし、お互い理解し合えることができたときは、さらに勇気も湧いてきます。

ですから、困ったときや一杯一杯になったときは、無理せず正直に表現していけばきっと何かが動き出すはずです。

そして、人と人とが触れ合うことで解決できることは、たくさんあるのではないかと思います。

核家族が大半の今だからこそ、意識して触れ合うことを増やしていきたいのです。大それたことでなくても十分です。

私が子供のころ過ごした環境は、社宅でした。そこではみんなが顔見知りで、子供たちも安心して、のびのびと過ごしていました。できたてのホットケーキをアルミ箔に包んで持ってきてくれたり、スポーツ好きのおじさんがドッチボールの特訓をしてくれたりして触れ合うことが当たり前でした。

モノクロからカラーに変化するように、あの温かさをまた感じられることが、私の夢でもあります。まずは笑顔で声を掛け合うことから始め、自分の足元から実現していきたいと思います。

そして、愛と愛はくっつきます。プラスとプラスは、くっつくことでさらに相乗効果を表し、温かさが広がっていくでしょう。これからは、そんな世界をつくっていく時代だと思います。

2 たくさん遊ぼう〝仕事と遊び〟

遊ぶときの子供の集中力はピカイチ

子供のころ、私たちはたくさん遊びました。私は、昭和世代なので子供時代にはまだゲームなどは普及していませんでした。

時計も持たずに、夕日の沈み具合で家に帰る感覚は、今でも懐かしく思い出されます。かけっこ、ゴムとび、鬼ごっこ、花摘み、虫取りなどあらゆる遊びを大好きな友だちと思う存分満喫しました。

遊ぶときの子供の集中力はピカイチで、キラキラ輝いています。

家に帰ってお風呂、夕飯の後は、眠くて眠くてあっという間に就寝です。テレビはほとんど観ていなかったように思います。

それから年を重ね、社会に出てまた家庭を築いていくうちに私の中から段々と遊びの時間が消えてしまったように思います。

自分に日々のノルマをたくさん課し、遊ぶのはいけないことと錯覚していたからです。

私が体調を崩したとき、自分が何の遊びが好きだったか全く思い浮かばないほど、遊びと遠ざかっていました。

遊びは人を元気にする

遊びは人を元気にします。心と体が解放されて心地よくなります。もしかしたら、遊びが仕事に繋がっていくかもしれません。ウキウキ、ワクワクして心が弾むことが遊びです。

遊びを大切に追究していくと、生活スタイルもがらりと変わり、新しい世界が見えてくるかもしれません。幸せな未来は、これからまだまだ広がります。ですから、本気で遊んでよいと思うのです。

実際、「遊びが仕事」だとベストですが、そうではないことのほうが、現状です。このような場合、どうしたら遊びと仕事のバランスを保てるのか何となく考えていたら、二つの方法が浮かんできました。

まず一つ目の方法として、やらなければならないことに遊びをどんどん取り入れてしまうのです。

基本は守りながらも、さらに自分の好きな要素を色づけしていくことで、仕事を趣味や特技という喜びにしてしまうのです。

上手な遊びの取り入れ方

私が上手に遊んでいるな、と思ったのはトラックの運転手さんです。

長距離だと特にハードな環境での仕事となります。そのようなトラックを見ると、好きな言葉や、好きな風景が綺麗に描かれていて、ついつい近くを通り過ぎるとき、目を凝らして見てしまいます。見ているほうも何だか楽しくなります。トラックは最高の相棒でしょうから、とことん愛情を注いで大切にされているのがよくわかります。

これはとても上手な遊びの取り入れ方だと思うのです。

そして、二つ目の方法として、遊びと仕事の比重を意識の中で変えてしまうという方法です。今までは、「～をやり終わったから遊ぶ」という感覚で遊びに行っていました。これを、「たくさん遊ぶから～をこの隙間時間でかたずけてしまおう」というニュアンスに変えてしまうのです。

人生＝遊びでいい

生活の主役を遊びにするのです。遊びを大きく膨らませていけば、生活の中に楽しさが蘇りきっと輝きだすに違いありません。

私も今、この遊びづくりを楽しんで大いに増やそうとしている真っ最中です。

「～しなければ」と思い込んでいるのは自分だけで、さほど周りは気にしていないので、誰にも迷惑をかけることなく、遊びを取り入れた生活改善ができると思います。

「人生＝遊び」でいいと思います。みんなが笑顔で生活していけたらハッピーですね。

3 天職とは

何をポイントに決めていけばよいか

私たちが仕事を選んでいく上で、何をポイントに決めていけばよいかを考えると、まず「大好きなこと」が大前提ではないかと思います。

それをやっていると集中できて時間を忘れてしまうほど続けてしまう。それをやっていると自分をたくさん表現できる。それをやっていると努力しなくても自然に上達していく。

これは大好きなことをしているときの代表的な特徴です。

やはり好きなことというのは、本来の自分の源が喜んでいるということですから、充実感や満足感が得られます。

すると、心地よい風が自分の中に吹き始め、バランスの取れた自分でいられます。

好きなことと貢献できることが要素

そして天職を考えたとき、好きなこととともう一つ大切な要素があると思っているのが、貢献です。

その好きなことで世の中に良い影響をもたらすことができるか、人々を楽しくハッピーにすることができるか、ということです。

私たちは仕事を通して社会を動かし、円滑により良くしていくわけですから仕事には役割があります。

この好きなことと貢献できる要素が重なったとき、それが自分の天職になっていくのかな、と思うのです。

そして、美しい泉から水が湧き出すように、自然と自分に溢れてきたとき、それが天職になっていったりするのです。

自分の本来の気持ちを大切にしていれば直チャンスが訪れる

ですから、無理に見つけ出したり、焦ったりする必要もないと思います。ただ自分の本来の気持ちを常に守り大切にしていればいいのです。そうしていれば直チャンスが訪れます。

もしまだ天職と出会ってないとしたら遊び感覚で自分のルーツを辿ってみるのもいいかもしれません。これはとても興味深いですし、新しい発見も色々あります。

祖父、祖母の辿ってきた人生や、両親の幼少期、そして自分の子供時代から今までの中で得意だったこと、褒められたこと、感謝されたことなど、広範囲で自分の立場や状況を認識してみるのです。

真剣にというよりも楽しんで自分を知っていくという感覚です。

すると何かヒントが出てきたりするのです。すぐには気が付かなかったとしても、この作業をしていることで後になって何かフッと湧いてくるかもしれません。

私も天職を探すというよりも、興味あることとして、自分の先祖の話を聞いたりするのがとても好きでした。すると自分と似ている方がいたり、素晴らしい人生を切り開いた方がいたりして、何だか勇気が湧いてくるのです。

そして、今の自分をどう過ごし大切にしていくか、改めて見直すこともでき、自分の再発見になるのです。

まずは自分の大好きなこと、心地よいことを徹底して追求してみてください。どんなタイミングで何に繋がるか、楽しみにしていればいいのです。

そして天職と出会い、それを社会でどう表現しどのように役立てていくか見出し、決意することも嬉しい作業で、夢が膨らみます。

自分が発信したことで周りの人たちがハッピーになっていくのは、とても素晴らしいことです。

こうして、それぞれの形で生み出された天職が調和し融合されて社会を創り上げていけたら、未来は一層輝いていくと思っています。

4 笑顔はきびだんご

笑顔はすべての人が持っている最高の自己表現

笑顔はすべての人が持っている最高の自己表現です。笑顔は心を明るくし、すべてを良い方向へ導いてくれます。

私が笑顔を特別なものとして強く意識したのは短大生の就職活動のときです。就職活動の対策として3か月通ったCA（キャビンアテンダント）養成学校で「笑顔の大切さ」「笑顔のつくり方」笑顔の効果を元CAの講師の方たちから徹底的に教えてもらいました。

学んでいくうちに、それまで全く意識していなかった笑顔が次第に私の中で大きな価値あるものとして動き始めるのを感じました。

そして3か月経ったころには、自然と笑顔が自分に調和し今までになかった私が創られていたのです。

笑顔づくりの練習は、最初はとても恥ずかしくぎこちないものでしたが、講師の方の笑顔をモデルに毎日鏡を前にして、励みました。

笑顔のつくり方

笑顔のつくり方には、シンプルですがポイントがあります。

・まず、心で笑顔をつくります。

・そして口角を上げます。

・さらに目元でも笑顔を意識し顔全体で笑顔にします。

慣れてしまえば簡単で自然にできるのですが、最初は練習している自分の顔がおかしくて吹き出し笑ってしまったり、仲間の真剣な様子に圧倒されてしまったりして、なかなかできなかったことを思い出します。

しかし、毎日コツコツと続けていくうちに、笑顔筋が発達し無理なく自然と〝笑顔〟が溢れるようになっていたのです。

おかげで、就職活動の面接でもさほど固まらずに、程よい緊張感と共に笑顔で臨むことができました。

笑顔のパワーはすごい

このとき、徹底的に笑顔と向き合い、理解したことはその後の人生に大きな有益をもたらしてくれています。

笑顔はどんなときも、自分を助けてくれます。

そして周りも明るくしてくれる太陽のような効果があります。

笑顔の人を見ると、ほっとします。そして明るく輝くようなエネルギーを感じます。この笑顔を自分のものにできたら、世界が何倍も楽しくなるのです。

笑顔のパワーはすごいのです。

あの有名な昔話の『桃太郎』に出てくるきびだんご。

桃太郎が心良く分けてあげたことで千人力の力が生まれました。私たちにとっても、笑顔はきびだんごです。

自分の中に笑顔のきびだんごをたくさんこしらえて、出会う人たちに喜んで分けてあげ、元気になってもらう。

そして自分が何か助けが欲しいとき、みんなが快く引き受け協力してくれる。そこには溢れんばかりの力がみなぎっている。

心と心が繋がり、一人では立ち向かえないことでも皆の力を合わせれば、可能なことはたくさんあります。

まずは、心のこもった温かい笑顔を意識し、どんどん振りまいてみてください。きっと何かが変わりだし、明るい未来の懸け橋になると思います。

5 男性らしさ・女性らしさ

芯はとても強くしっかりしている女性

女性は本来、柔らかくて優しい生き物です。そしてその雰囲気は場を和ませてくれます。しかし、芯はとても強くしっかりしています。

私が女性であることを意識し始めたのは、小学校の高学年のやはり思春期に入ったころです。それまでは、男の子よりかけっこが早かったり、ドッチボールが強かったりしましたから、男の子を弱い存在だと思っていました。

しかし、その思春期あたりから女性本来の役割が備えてある体のこと、男性とは明らかに違う体の構造を知り、ここから無意識ではありますが、自然と女性を自覚していったように思います。

時は立ち、私が短大生だったころはキャリアウーマン全盛期です。バブル時代の名残もあり、就職先もたくさんありました。

女性も男性と肩を並べ、社会へ出ていくことは当然の風潮です。また学生を〝青田買い〟といって、早めに採用内定を出す企業もあり、今の学生と正反対の時代を経験してきました。

女性もどんどん社会に羽ばたいていた

ですから、女性もどんどん活躍の場を見つけ社会に羽ばたいていました。

私もキャリアウーマンとまではいかなくても、仕事への意識は高く社会に出ることがとても楽しみでした。

就職活動の結果、一番希望していた会社から内定をもらい、晴れてCA（客室乗務員）になったわけです。CA（客室乗務員）は女性らしさを最大に生かせる仕事です。この仕事で女性の素晴らしさをたくさん学びました。

例えば、

女性にはすべてを包み込む安心感があること

女性には気配りのできる細やかさがあること

女性には子供に対して母性があること

そして、女性は立ち居振る舞いを磨くことで格段に美しくなることなど、女性本来の素晴らしさを意識づけしていきました。

こうして、CA（客室乗務員）は他国の方と接する機会が多いため、国の女性の代表であることに誇りと自信を持っていくようになるのです。

この仕事を通し、女性の特質を最大限に引き出しながら意識を高めることができたことに今でも心から感謝しています。

一つ気になるのは「男性に負けない」というニュアンスが出ている場合

ここ最近、キャリアウーマンという言葉はあまり耳にしなくなりましたが、女性が色々な分野の仕事にチャレンジして男性社会へ幅を広げていることは確かです。

男性だけの仕事だと思っていたことを、女性が真剣に取り組み携わっている姿を見ると、いつも心を動かされて感動します。

ただ、一つ気になるのは、男性に負けないというニュアンスが出ている場合です。

本来の体の構造、気持ちの持ち方など男性と女性では全く違います。ですから、競い合うものではないと思うのです。

女性の〝お茶出し〟

女性の〝お茶出し〟は、どこの会社でもあると思うのですが、この〝お茶出し〟で女性を最大に表現し、場を和ませる力があるのを知っていますか。

面倒と思いながら淹れると、相手をさらにぐったりさせてしまうお茶になります。

逆に心を込めて「おつかれさま」「ようこそ」の気持ちを込めて淹れたお茶は、栄養ドリンク以上のパワーがあるお茶に仕上がるのです。

これは、本当です。私の多くの経験で確信していることです。

お茶の入れ方は、さほど難しくありません。お湯の温度、湯呑みの温め方、注ぎ方くらいを習得しておく程度です。あとは心を注ぐのです。

お茶は「自分の名刺」だと思い、自己表現の一つだと思うと大きく意識改革ができます。もしかしたら、このお茶一杯が素敵な出会いの一歩になっていくかもしれません。

お茶一杯、侮れないのですよ。


男性の意識を盛り上げるには、女性の力（愛）が必要

このように、女性が本来の姿で生活し無理なく表現していけたら、社会の環境もそれに伴って整いだすのでは、と最近よく思うのです。

業績や成果を男性と競うことはやめて同じ仕事をお互いに分かち合い認め合う状態が理想です。

そこから何か新しい意識が生まれ、さらに男性がいること・女性がいることへの喜びが生まれたら素晴らしいと思います。

地球、海、富士山はよく女性にたとえられます。包み込む偉大な力がある象徴です。

女性がさらに女性らしさを意識し、その特質を発揮し始めたら、それに同調して男性も必ず変化してくるはずです。男性の意識を盛り上げるには、女性の力(愛)が必要なのです。女性にはその力が備わっています。

最近、耳にする〝草食系男子〟〝肉食系女子〟という表現。

実際に増えているらしいのですが、この流れはいったい何が原因なのでしょう。

言葉としては、とても面白くわかりやすいので感心しますが、内容を考えたとき、やはり何かがおかしいと思うのです。

本来、男性と女性の体の構造は全く違いますし、本能にも特徴があり、その土台のもとに進化を遂げてきたのです。それを男女、真逆の存在とし何万年もの歴史を無視したような現象はおかしな話で、その先に輝かしい未来があるとは思えないのです。

男性は男性であることに誇りを、女性は女性であることに感謝をしてこそ、調和のとれた世の中になるのです。

ですから、女性は本来の優しさ、柔らかさ、内面の強さを思う存分発揮していくことで、男性も安心して逞しさを十二分に発揮していくのではないかと期待しています。

男性が力強くしていてくれたら、女性も助かりますし嬉しいはずです。

その姿が、本来の男女の関係であり、それを大切にした先にまた人類の素晴らしい大きな進歩が見えてくると思うのです。

6 手づくり一人ひとりのパワー

手づくりの良さ

私はもともと何かをつくることが大好きです。

父は日曜大工が得意でしたし、母は洋裁学校出身なので、両親の手づくりする姿は当たり前の光景でした。自然とその環境の中で育ち、必要なものはまずつくれるかな、という習慣がついています。

手づくりの良さは、何といっても温かさを感じられることです。気持ちを込めているので、その完成品も生きているかのようです。

そして自分の好みで自由自在にデザインを変えられますし、広がりがあって楽しいのです。

結果、愛情をもって大切に使い手直しもいつでも可能です。

今でもちょっとした時間ができると、座布団カバーやランチョンマットなどはチョコチョコつくって楽しんでいます。

手づくりしている時間はゆったり穏やかで、私の大好きなお気に入りタイムです。完成した様子を思い浮かべ、静かな中にもウキウキしている自分がいるのです。

手づくりショップを開く

そんな手づくり好きのママたちが偶然にもたくさん集まり、私の家のリビングルームで一日だけの手づくりショップを開いたことがありました。

何気ない会話の中から生まれた企画でしたが、この企画に参加したいというママたちの意欲にはとても大きなパワーを感じ圧倒されました。

みんなプロではないのに、プロ以上の腕前なのです。

アクセサリー、木の雑貨、リバティ風の布小物、ナチュラル風ドレス、手づくり石鹸、ベーグル、総菜パン、天然酵母パン、フランス菓子などあらゆる分野の素晴らしい手づくり作品が、我が家に集まり展示されました。

もう自分が欲しくてワクワクです。

お客さんも近所の方たちに少し声をかけただけで、それぞれが知り合いを呼ぶくらいでしたが、当日は何と開店前から長蛇の列ができて１００名以上のお客さんがやって来てくれました。ほぼ完売です。この手づくりショップは、私にとってとても貴重な体験でした。

手づくりは人を温かい気持ちにさせてくれる

みんな素晴らしいアイデアと才能を秘めているのです。ただそれを発揮していく機会が少ないだけです。

便利で手ごろなものが揃う今の時代、一人ひとりの能力が閉ざされてしまったように感じました。そして、お客さんも本当に楽しそうで出展者との会話も弾み、赤ちゃんを連れている方も緊張がほぐれている様子です。

手づくりは人を温かい気持ちにさせてくれます。みんなそれぞれ満足したものを買えて笑顔が溢れていました。

私たちの生活スタイルにもう少しゆとりを持たせ、物が溢れない流れになれば、自然とこの手づくりショップのような交流が生まれてくるのではないかなと思うのです。

人は人に触れると元気になります。みんな本当は、心と心の交流が大好きなのです。

過剰な供給の中で、人間の可能性や人の温かさが薄れてしまっては、何のための経済改革かわからなくなってしまいます。

もう少し人間力にズームを合わせそれを軸に社会が回り出せば、難しいことや足りないものなど何もないのではないかと思います。

今こそ一人ひとりの能力を信じ、その力が喜ばしく発揮されていく流れを心から望んでいます。

7 愛をもって楽しい社会へ

心が無理をしていないか問いかけてみる

今、社会問題の多くは過剰な無理が原因でできてしまったものがほとんどだと、ニュースを目にする度に思います。

政治、経済、自然環境から社会環境など、私たちが穏やかでいられる状況から離れていくとき、この無理な労力を抱えてしまうのです。

無理はストレスですから、すぐに対処しないと問題が大きくなってしまってからでは、なかなか変えられません。

ですから、何においても自分の感じ方に意識を向けて、いつも心が無理をしていないか問いかけてみます。

状態が惰性化していると、なかなか気づかないので見過ごしがちですが、これでは一向に状況は良くなりません。

心から溢れる笑顔とともに暮らしていきたいのであれば、大きく変化することも大切です。

相手が誰であれ、何であれストレスを感じたのならばハッキリ自分と切り離していきましょう。私もこの作業は常に心掛けています。

何かをスタートさせるとき、そこに愛情を注いでから始めればよい

人と人を繋ぐもの、それは愛です。

すべての人間関係において愛があれば上手く運んでいきます。目には見えませんが、この愛を感じるセンサーは誰もが備えています。

どんなに形を整えて何か事を起こしたとしても、そこに愛情がないとしたら、それはやがて無意味なものとして消えていくでしょう。

逆に言えば、何かをスタートさせるとき、そこに愛情を注いでから始めればよいわけです。そして反対に愛を感じないものには無理して携わらないことです。

そして流れが滞ったり問題が発生したりすると、つい相手や周りの状況を責めてしまいがちです。

しかし、これは間違った解釈で本当は自分の心の持ち方が本来の自分とずれているため、問題が発生してくるのです。

最初のスタート時点で愛を感じ、心が弾んでいればすべて順調に進みたとえ問題が発生したとしても自然に溶けていくはずです。

さあ、自分の気持ちを自分軸に合わせ軌道修正していきましょう。

難しいことは何もありません。ただ変化する勇気さえあれば何でも可能です。そして新しい扉を開いていく冒険は最高の喜びです。

社会問題に関しても、一部の人や担当者に期待しているばかりでは幸せは訪れてきません。


楽になることはサボることでもダラけることでもない

それよりも自分から先に足元を整えて、心地よい生活を創り上げていくことで次第に周りが影響され、それこそ水滴のしずくが落ちたときのように美しく反映していくでしょう。

思い切って生活を楽にしましょう。

大丈夫です。楽になることはサボることでもダラけることでもないのです。

生活が楽になることで、その人に余裕が生まれるとその人の宝物として備わった能力が現れ、愛溢れる行動が伴っていくはずです。

結果、その行動が社会貢献となり、立派に問題をクリアーにしていけたりするのです。

今までのやり方で問題を解決しようとしても期待はできません。

それよりも新しい発想で笑顔を絶やさず楽しくシンプルにいきましょう。みなが無理のない穏やかな生活ができていることをいつも心のキャンバスに描いていきたいと思っています。

"hand in hand" 手と手を取り合って

そしてみんな、今ある生活の中から徐々に笑顔を取り戻し、穏やかになっていけたら、どんなに素晴らしいでしょう。

私はCA（客室乗務員）を通し、色々な国民性に触れることができました。その中で気づいたことは、人は自然と人間の温かさを心から求めているということです。

この要素を兼ね備えている国の代表といえば、ハワイです。これだけ長い間、人気の国はないという程、ハワイへの旅行者数は常にトップです。

ハワイの人々は、自然を崇拝していて感謝の心をいつも持ち続けています。むやみに森林を伐採するなど、とんでもないことでしょう。

また人柄も穏やかでいつでもニコニコ優しいのです。全身から温かさがにじみ出ているのです。

私たちはこのハワイの空気感を本能的に求めているからこそ、あれだけ大勢の人々が訪れるのだと思います。だとしたら私たちの周りも、その要素を取り入れ、癒しの空間を広げていけばよいのです。同じ地球で同じ時代に誕生した私たちです。

これだけで、すでにみんな繋がっています。そのベースがあるのですから、一人ひとりの気持ち次第で、いつでも簡単に温かい社会が創り出せると思うのです。

"hand in hand" 手と手を取り合って、今ここから焦らずゆっくりスタートしていきましょう。

あとがき「私の夢」

私は熊本にある神社の孫として、誕生しました。父の仕事先が神奈川県でしたので、暮らしていたのは関東でしたが、夏休みや冬休みになると熊本へよく遊びに行きました。

熊本の家で過ごした日々は本当に今でも輝いています。

親戚のみなさんもたくさん集まり、私もいとこたちと起きてから寝るまでずっと一緒なので、楽しくて仕方ありません。

庭や畑での虫取り、縁側でスイカを食べたり、大人数での賑やかな食事、午後のお昼寝、手芸の得意だった祖母の工作時間、蚊帳の中での就寝など、どの場面もキラキラ輝いています。

その中で、私たち子供チームが毎日の日課にしていたのが、早朝の散歩です。朝の4時頃、そろそろと起き出し大人たちがまだスヤスヤ寝ているのをあとに、出動するのです。

田んぼや林道を抜けて近くの町にある消防署まで遊びに行きます。

毎日通っていたので消防署のお兄さんたちと、とても仲良くなりました。

消防隊の方たちの毎朝の整列、点呼の一連の流れを見て帰るのが私たちのお決まりコースです。

またてくてく木の香り、草の香り、土の香りに包まれて到着するのです。

到着したころ2番目に早起きなのが宮司をしていた祖父でした。

祖父は身支度をきちっと整え、紫色の袴姿で家の神棚に朝のご挨拶をし、自転車で颯爽と神社まで行くのです。

子供ながらに、その様子は何か神聖な空気がながれていると感じていました。

それから朝食です。お箸やお皿、コップをならべ子供たちもどんどんお手伝いをします。毎日食べた新鮮な卵かけごはんは今でも忘れられない味です。

そして朝食後は祖父のいる神社へ向かいます。神社には千何百年もの木々があり、夏でも涼しさを感じられます。

社殿の中では、祖父がスタスタ段取り良くお仕事をしています。丸い鏡が中心に飾られていて、その中に神様がいると言われていたので「祖父は神様の近くに行けていいなあ」といつも思っていました。

子供と女性は、鏡の所まで行くことを許されていませんでしたから、お賽銭のところから眺めては私なりに色んな感情を胸にしていたように思います。

そして最近、両親との夢が、この熊本へ帰ることです。そろそろ関東から九州へ住まいを移そうかなと思い始めました。

そして昔みんながたくさん集まって、賑やかな時間を過ごしたあの夢のような空間を、また創っていきたいと思っています。

私の中では、もうすでに楽しく穏やかに暮らしている様子が目に浮かびます。これはもうGOサインが出ています。タイミングが来ればすぐ行動してチャレンジです。

自分に正直でいれば、新しいドアが次々と開いていきます。

そして私たちはいつも絶妙な素晴らしいバランスで守られています。

ありのままの自分で、心地よいことを選び楽しんでいれば、すべて上手く流れていくのです。


本書は、私が今まで過ごしてきた日々の中での気づきや教訓を、自分への再認識にしようと思い軽くメモしていたことからスタートしました。

それが次第にエネルギーを増し、メモが生き生きしてくるのを実感し、ぜひ自分だけでなく、多くの女性を元気づけていければという願いに染まっていきました。

今、こうした素晴らしい形で、世に送りだすこととなり、心から喜びを感じています。

これからの私たちが、笑顔あふれる毎日を送れますように。

そして未来が輝いていきますように。

著者略歴

Garden. Miho

航空会社にて国際線 CA を 4 年間勤務。

その後、司会者となり結婚式などのイベント等で活躍。

そのかたわら、C A 養成学校、一般企業にてマナーや接遇の指導を行う。

シンプルライフで幸せへの切符を手に入れる

2013 年 9 月 20 日発行

著　者　Garden.Miho©

発行人　森　　忠順

発行所　株式会社 セルバ出版

〒 113-0034

東京都文京区湯島 1 丁目 12 番 6 号　高関ビル 5 B

☎ 03（5812）1178　FAX 03（5812）1188

http://www.seluba.co.jp/

発　売　株式会社 創英社／三省堂書店

〒 101-0051

東京都千代田区神田神保町 1 丁目 1 番地

☎ 03（3291）2295　FAX 03（3292）7687

印刷・製本　モリモト印刷株式会社

Printed in JAPAN

ISBN978-4-86367-128-7